Sintaxe para a educação básica

com sugestões didáticas, exercícios e respostas

Conselho Acadêmico
Ataliba Teixeira de Castilho
Carlos Eduardo Lins da Silva
Carlos Fico
Jaime Cordeiro
José Luiz Fiorin
Tania Regina de Luca

Proibida a reprodução total ou parcial em qualquer mídia
sem a autorização escrita da editora.
Os infratores estão sujeitos às penas da lei.

A Editora não é responsável pelo conteúdo deste livro.
O Autor conhece os fatos narrados, pelos quais é responsável,
assim como se responsabiliza pelos juízos emitidos.

Consulte nosso catálogo completo e últimos lançamentos em **www.editoracontexto.com.br**.

Celso Ferrarezi Junior

Sintaxe para a educação básica
com sugestões didáticas, exercícios e respostas

Copyright © 2012 do Autor

Todos os direitos desta edição reservados à
Editora Contexto (Editora Pinsky Ltda.)

Montagem de capa e diagramação
Gustavo S. Vilas Boas

Preparação de textos
Lilian Aquino

Revisão
Daniela Marini Iwamoto

Dados Internacionais de Catalogação na Publicação (CIP)
(Câmara Brasileira do Livro, SP, Brasil)

Ferrarezi Junior, Celso
Sintaxe para a educação básica / Celso Ferrarezi Junior. –
1. ed., 7ª reimpressão. – São Paulo : Contexto, 2024.

Bibliografia
ISBN 978-85-7244-717-1

1. Educação básica 2. Linguística aplicada
3. Português – Estudo e ensino 4. Português – Gramática
5. Português – Sintaxe I. Título.

12-02470	CDD-469.07

Índices para catálogo sistemático:
1. Sintaxe : Português : Estudo e ensino   469.07

2024

EDITORA CONTEXTO
Diretor editorial: *Jaime Pinsky*

Rua Dr. José Elias, 520 – Alto da Lapa
05083-030 – São Paulo – SP
PABX: (11) 3832 5838
contato@editoracontexto.com.br
www.editoracontexto.com.br

*Este livro foi idealizado como
uma ferramenta de apoio aos professores da educação básica
que, às vezes, até sem saber por quê,
se veem em dolorosas batalhas para ensinar uma análise sintática
árdua e maçante para alunos que, não raro, estão mais preocupados
com o que será servido na merenda do dia.
É, assim, uma tentativa de fazer do pão que alimenta o intelecto
algo menos amargo e mais desejável do que ele é hoje
na realidade escolar brasileira.*

É dedicado, in memoriam, *ao meu pai,
Celso Ferrarezi (1932 - 2011),
que sonhava com o dia
em que seria um professor,
dia que nunca chegou para ele,
mas que chegou muito cedo para mim.*

Sumário

PREFÁCIO...9

INTRODUÇÃO...13

PARA COMEÇAR A JORNADA...33

    O que a Sintaxe estuda e que critérios deve usar...................36

    Quando ensinar a sintaxe da língua na educação básica?.............39

A ORGANIZAÇÃO DA LÍNGUA..47

    As listas e as combinações..49

        Formando e diferenciando as palavras do português...........52

        As combinações de palavras..................................63

    Os recursos que a língua usa para combinar as palavras............71

        As palavras que abrem espaços
        e as que ocupam espaços abertos.............................72

        As palavras que mandam e as que obedecem....................79

        Uma forma especial de obedecer à palavra base...............82

        Partes em situação de igualdade..............................83

        Palavras criadas para ligar e proteger......................86

        A ordem também ajuda a definir as coisas....................89

        A melodia da língua e sua influência na estrutura das frases....90

OS DIFERENTES TIPOS DE SINTAGMAS....................................93

    Sintagmas nominais ligados a nomes (e pronomes bases).............97

        Os sintagmas que concordam sempre...........................98

        Completando, mas sem concordância...........................101

        O aposto..103

Sintagmas ligados a verbos..105

O sintagma nominal que manda no verbo..........................106

O complemento essencial ao verbo.................................110

Um complemento verbal muito diferente...........................113

Quando é o agente que completa o verbo........................115

Um complemento de caráter circunstancial.....................121

Sintagmas ligados a palavras nominais
que estejam funcionando como adjetivos.........................127

Complementando as palavras nominais
que funcionam com adjetivos.......................................128

Acrescentando ideias circunstanciais
a palavras nominais que funcionam como adjetivos..........129

O advérbio de si mesmo..131

O vocativo...135

OS TIPOS DE FRASES...139

Frases sem verbos..141

Frases com verbos..142

Orações independentes...144

Orações ligadas a uma palavra....................................146

UMA CONVERSA FINAL..163

RESPOSTAS DOS EXERCÍCIOS PROPOSTOS.................................165

BIBLIOGRAFIA...173

O AUTOR..175

Prefácio

Ah, se eu pudesse fazer o tempo voltar!

Ao terminar de ler *Sintaxe para a educação básica*, tive um desejo enorme de poder voltar ao início de minha carreira de professora de língua para desvendar o maravilhoso campo da Sintaxe com meus alunos do ensino fundamental e médio. Sem dúvida alguma, com as orientações de Ferrarezi, teria realizado um trabalho bem mais produtivo, mais racional, sem exigir de meus alunos a memorização de conceitos para os quais eles ainda não estavam preparados. No entanto, apesar das "decorebas", reconheço que nosso trabalho não foi totalmente improdutivo, pois tenho a certeza de que os professores procuram dar o melhor de si com as ferramentas de que dispõem. O que quero dizer é que poderíamos ter feito um trabalho mais inteligente, fazendo com que nossos alunos aprendessem de verdade como funciona essa base estruturante para os atos de comunicação e expressão: a sintaxe da língua.

Infelizmente, a aposentadoria chegou me "expulsando" da sala de aula! Chegou para mim, mas, a grande maioria dos professores "na ativa", felizmente, ainda poderá usufruir dos ensinamentos claros e simples esboçados neste livro, fruto de anos de pesquisa, obra embasada em teorias sobre o funcionamento de nossa língua, aliada a uma prática docente de mais de 25 anos do autor.

Claro que uma obra como esta não poderia ter saído do nada. Está fundamentada em uma visão funcional da língua, pois revela o funcionamento das palavras na frase, das relações existentes entre elas, mostra como elas funcionam em uma estrutura, sem, no entanto, deixar de lado aspectos importantes da visão estrutural.

Conceitos aparentemente difíceis da estrutura da língua, especialmente os relativos à sintaxe, são apresentados de forma agradável e simples de se compreender. Inclusive, o autor faz uso de "balões explicativos" para ligar sua abordagem a outras utilizadas nos manuais didáticos, ou para "dar nome aos bois", por exemplo, quando precisa introduzir termos técnicos. O livro é como se fosse um festival de "balões de dicas", que aparecem toda vez que se julga necessário fazer comentários ou apresentar instruções mais gerais sobre o conteúdo explicado e mesmo sobre a própria organização do livro.

Questões que a gramática tradicional deixa em dúvida, como, por exemplo, a noção de "sujeito", a diferenciação entre "adjunto" e "complemento nominal" e a definição de "agente da passiva", são esclarecidas através da abordagem funcional. Sobretudo, é mostrado que não se pode fazer mistura de critérios quando se analisa a sintaxe de uma língua. Ou seja, quando se faz Sintaxe, se faz apenas Sintaxe. Não é Filosofia, Teologia, Metafísica... Os critérios precisam ser pertinentes e claros.

Por esse viés, o autor busca organizar, de maneira extremamente objetiva e coerente, um conjunto de conhecimentos da organicidade da língua que permitem, por sua aplicação, a compreensão das estruturas sintáticas do português brasileiro de uma forma tão simples como nenhuma outra obra hoje propicia. É uma "limpeza do meio de campo", uma abertura lúcida e limpa do conteúdo, mas isso com um jeito brasileiro e descontraído de conversar, como numa boa aula, numa gostosa e surpreendente aula de Sintaxe.

Aliás, a quem se destina este livro? O próprio autor responde: "*Sintaxe para a educação básica* é uma 'tradução' da parte mais significativa da moderna Sintaxe funcional para professores e alunos do ciclo básico da educação brasileira." Mas, a meu ver, o público-alvo é bem mais amplo: a obra destina-se, também, a todo amante da língua portuguesa, ou melhor, do "brasileiro", sobretudo àqueles que, mesmo não sendo professores da matéria, tenham interesse e dedicação a questões de aprimoramento de seu modo de escrever e falar essa língua. Pode também ajudar a quem busca fazer um concurso em que a sintaxe seja objeto de avaliação, aos que apenas desejam compreender sobre a sintaxe o que a escola tradicional não lhes conseguiu ensinar, aos futuros professores de Português, ou seja, aos alunos dos cursos de graduação em Letras e àqueles que são responsáveis pela programação curricular do ensino básico de línguas no país.

Aliás, nunca é demais lembrar que todo professor, independentemente da disciplina que lecione, deve ser, de alguma forma, professor de sua própria língua, pois ele é sempre um modelo para seus alunos. Quantas vezes já escutei críticas de alunos feitas a seus professores, inclusive aos de Língua Portuguesa, sobre seu falar e escrever! É como se os alunos soubessem mais que seus professores. Mas é claro que não é isso. Sabemos que é bem mais fácil enxergar o pontinho preto em uma tela enorme toda branca.

Por tudo isso, considero que esta obra de Ferrarezi oferece uma resposta não dada antes por outro autor. Ela vem ao encontro de necessidades reais de formação de professores e alunos do nível básico, com um formato e uma linguagem que, como afirmei, não encontram paralelo nas obras encontradas no país. Ferrarezi, com quem eu convivi muitos anos, traz em sua trajetória uma preocupação constante, incessante, em oferecer aos professores da educação básica um material que os ajude, que verdadeiramente facilite suas vidas, que seja útil para a construção de um ensino melhor. Pena que não posso fazer voltar o tempo, pois com *Sintaxe para a educação básica* teria sido bem mais fácil e muito mais prazeroso mostrar aos meus alunos as maravilhas de nossa língua.

Iara Maria Teles

Introdução

Tenho ensinado – e sofrido por causa da – Sintaxe há 27 anos. Desses, 21 anos foram dedicados ao ensino dessa matéria no nível superior, em cursos universitários de Letras e Pedagogia, e em pós-graduações *lato sensu* e *stricto sensu*. Embora seja apaixonado por Sintaxe, cada vez mais me desespero ao ver a situação constrangedora em que chegam os alunos para sua formação de nível superior. Os conceitos mais básicos, as formas mais simples de relacionamento entre as palavras, as formas de construção mais comuns do nosso português brasileiro de cada dia – a língua que eles falam! – são seus ilustres desconhecidos. Não raro é ouvir a afirmação "nunca vi, nem ouvi", ou como se costuma dizer em bom brasileiro, "isso aí, nunca vi mais gordo"...

Parece haver uma causa circular para isso. O ensino da Sintaxe na educação básica não acompanhou os avanços da matéria no âmbito dos estudos linguísticos mais modernos. E creio que isso se deu, justamente, porque os estudos linguísticos e os livros de Sintaxe se sofisticaram tanto que os professores e alunos do nível básico precisariam de uma "tradução" desse avanço todo para poder entendê-lo e assimilá-lo. Mas essa tradução nunca chegou, pois o interesse dos sintaticistas parece ter sido, no geral, apenas o de publicar livros cada vez mais sofisticados, com as últimas descobertas, para os níveis de pós-graduação mais elevados.

Enquanto isso, os professores das séries iniciais continuaram formando seus alunos com antigos livros didáticos no mais tradicional método de memorização, sem propiciar qualquer compreensão dos fenômenos de estruturação da língua. Alguns desses alunos da educação básica se tornaram alunos de Letras com problemas de formação e compreensão em Sintaxe, que saíram dos cursos de Letras como professores de Português, ainda com problemas de formação e compreensão, pois não há tempo suficiente nesses cursos para consertar 11 anos de ensino equivocado, e aí se estabeleceu a circularidade de que falei anteriormente.

Compreender essa circularidade acaba nos envolvendo em um desejo profundo de modificar esse ensino, alterar as bases conceituais e as práticas de sala de aula. Isso implica, em um ensino como o que se faz no Brasil, a modificação dos livros didáticos e dos livros de apoio ao professor. Porém, a construção de um livro com uma visão diferenciada, mais moderna e adequada a nossa língua acarreta riscos que precisam ser, igualmente, bem compreendidos. Creio que esta seja uma boa hora, portanto, para analisarmos, de forma muito séria, riscos e as escolhas que um livro como este envolve.

A SINTAXE NOS ESTUDOS DA LINGUAGEM

O campo de estudo das línguas é repleto de mitos e tabus. Esses mitos e tabus, próprios da Gramática Tradicional e da Linguística, defendidos com unhas e dentes por alguns, motivos de arranhões e mordidas entre outros, complicam o meio de campo, geram oposições mais ferrenhas do que deveriam, arranham a Ciência e machucam os falantes, muitas vezes. Acreditar, por exemplo, que apenas as normas da Gramática Tradicional geram um jeito correto e bonito de falar e que é esse jeito que faz a gente ser alguém na vida é uma grande bobagem. A Linguística tem mostrado isso de forma muito competente. Por outro lado, acreditar – como alguns linguistas insistem em fazer – que apenas a Linguística dá boas respostas para as questões da língua e que ela explica tudo é igualmente bobo, infantil. A Linguística está engatinhando em alguns aspectos e, em outros, que têm sido estudados há décadas, ainda não se contempla uma resposta final, talvez porque essa "resposta final" provavelmente nem exista.

Uma língua é o tipo de objeto cuja descrição nunca se conclui. Não é possível a uma única pessoa, em um único livro, explicar tudo o que existe em uma língua, mesmo que seja uma língua indígena de um pequeno grupo de falantes isolados no meio de uma floresta. Agora, pense em uma língua como o português, com suas variantes do Brasil, de Portugal, de Angola, do Timor... Mais do que isso, pense em como é o português do Brasil, com as variações do Sul, do Centro-Oeste, do Norte, do Nordeste... Mas, avance pensando que cada uma dessas variações é ainda mais complexa, pois, no Centro-Oeste, por exemplo, o jeito de falar da região de Cuiabá é bem diferente do jeito de falar da região de Campo Grande, de Brasília, de Goiânia... Agora, vá ainda além e pense nas pessoas que moraram em diversas regiões e misturaram o modo de falar de uma e de outra, as diferenças de entendimento entre as pessoas, as peculiaridades e gostos de cada um, as coisas que cada um inventa na língua... ufa! Isso não tem fim! Não, isso realmente não tem fim! E como é que alguém pode querer explicar tudo isso em um livro só? Mesmo que ele demorasse quarenta anos tentando fazer isso, quando ele acabasse a primeira versão, coisas que ele havia escrito no começo da jornada já teriam mudado.

E, afinal de contas, se este livro fala de análise sintática, o que é mesmo fazer isso? Na verdade, fazer análise sintática não é algo objetivo, que apresente respostas claras e indiscutíveis. Fazer análise sintática não é muito mais do que tentar reconhecer partes da estrutura da língua que funcionem de uma forma específica no nível das frases e dar rótulos a essas partes. Ou seja, tentamos isolar partes das frases (como o sujeito, o complemento nominal, o adjunto), dizer por que essas partes, mesmo sendo formadas por palavras diferentes em uma ou outra frase, ainda assim funcionam de uma forma identificável, e dar um nome coerente a cada uma. É claro que há outras aplicações para a sintaxe, como os sistemas de informática e os estudos cognitivos, mas isso já é aplicação. Analisar sintaticamente uma frase não vai muito além de compreender como as coisas funcionam ali dentro e ser capaz de dar nomes às diferentes partes analisadas. Isso não é ser reducionista, é mostrar que, muitas vezes, se constrói um cavalo de batalha sobre algo que é tão complexo sendo tão simples em seus objetivos.

Bem, mas diante da enormidade de uma língua, seria isso possível? Só em parte. Só podemos dar conta de todos os fenômenos e suas variações em parte. Assim, ninguém que se propõe a ler um livro de Sintaxe deveria esperar dele respostas para tudo sobre a sintaxe de uma língua. Por isso, ao escrever um livro de Sintaxe, agimos de forma seletiva. Separamos o que achamos mais importante (e – por que não confessar? – até aquilo que pensamos que damos conta de apresentar uma boa explicação, porque é isso mesmo o que acontece: há fenômenos que, simplesmente, os linguistas não sabem como explicar). Escrever sobre a gramática de uma língua, mesmo que seja "apenas" sobre sua sintaxe, é, portanto, um processo de seleção, de escolhas. Sempre é assim! Escolhemos coisas que achamos mais importantes, que possam evidenciar, do nosso ponto de vista, aquilo que é mais relevante para entender os traços gerais do sistema. O pior, como disse o professor Sírio Possenti, é que as línguas são "malcomportadas". Elas se rebelam, criam exceções, mudam daqui para ali, se recusam a caber dentro de regras simples e descrições sucintas. Mas, são essas regras simples e descrições sucintas as que as pessoas desejam e aquelas com que os linguistas sonham. Isso cria um dilema, percebe? Precisamos de regras simples para um objeto que não é nada simples. Então, temos que fazer escolhas. Várias escolhas!

TEMOS QUE FAZER ESCOLHAS SOBRE O PONTO DE VISTA QUE VAMOS ADOTAR

Ao nos meter a descrever uma língua, vamos ter que escolher uma forma de fazê-lo. Há muitas teorias no "mercado", à disposição de quem resolver pagar por elas. Podemos tentar uma descrição gerativa, que se propõe a descobrir como as estruturas da língua são geradas em nossa mente. Mas, podemos optar por uma descrição "seca" da estrutura da língua, o que seria uma descrição estruturalista. Podemos, porém, tentar ver como as coisas funcionam no dia a dia, o que seria uma descrição funcional. E, se juntarmos um pouco de aspectos culturais e sociais a essa descrição funcional, então teremos algo bem mais complexo, algo "socio-culturofuncional". Também, posso querer não explicar nada, mas apenas dizer que tem que ser "assim e assado". Aí, estou fazendo uma gramática tradicional, com tendência normativa.

Mas, o pior (ou o melhor...) de tudo isso é que cada descrição dessas gera fórmulas e formas muito diferentes de explicar os fatos da língua. De uma para outra abordagem, alho vira bugalho e cebola vira acerola. A gente tem que entender que o autor de um livro faz escolhas teóricas ao escrevê-lo. Se as escolhas do leitor não combinam com as do autor, o problema talvez não esteja nas escolhas do autor e nem nas do leitor, mas na combinação que não ocorre entre as duas. Isso não implica, obrigatoriamente, que uma seja melhor do que a outra. É possível que elas sejam tão somente *diferentes.*

TEMOS QUE FAZER ESCOLHAS SOBRE OS RÓTULOS QUE VAMOS UTILIZAR

Existe uma infinidade de nomes, de *rótulos*, para essas coisas de língua. Esses rótulos conflitam, muitas vezes, entre si. Outras vezes, eles multiplicam desnecessariamente a lista de coisas a decorar. Outras, ainda, quando um autor propõe um novo nome para um fenômeno, ele está tentando explicar algo de uma forma diferente por meio daquele nome ou tornar a assimilação da função analisada algo mais intuitivo, e essa mudança pode ser importante. Mas o fato é que os nomes que damos às coisas que explicamos são, sim, uma questão de escolha.

No Brasil, temos a Nomenclatura Gramatical Brasileira (NGB). Ela pretende dar nome a todas as coisas que acontecem na nossa língua e é adotada nas gramáticas tradicionais, de cunho normativo. Hoje sabemos que ela não dá conta dos fatos da nossa língua e, além de tudo, atrapalha com nomes antigos, sem sentido para os alunos da educação básica. Vejamos alguns exemplos com rótulos que você aprendeu ao longo de sua formação de ensino médio e faculdade. Um deles é a palavra "substantivo". É uma palavra que não diz nada aos alunos, que atrapalha mais do que ajuda, pois eles, ao ouvi-la, sempre lembram de substância, e os substantivos nem sempre representam coisas que têm substância. Se trocarmos essa palavra por "nome" para rotular as "palavras que dão nomes a todas as coisas", a compreensão pelo aluno fica muito mais fácil. O aluno sabe, pela experiência que ele tem da própria língua, que, quando falamos de todas as coisas, falamos de tudo mesmo, com ou sem substância. E isso tem sido provado experimentalmente em salas de aula reais.

Mais do que isso, os rótulos que usamos ao descrever uma língua têm que apresentar uma grande coerência com a descrição. Vou citar outro exemplo aqui para mostrar como isso funciona. As gramáticas tradicionais dizem que existe no português um tipo de estrutura que se chama "complemento nominal". Segundo elas, o complemento nominal pode estar ligado a um substantivo, a um adjetivo ou a um advérbio. Muito bem: essa é a descrição tradicional. Mas o que ela tem de problemático, no que se refere à nomenclatura? É que o substantivo e o adjetivo são palavras nominais. Elas têm a mais importante marca das palavras nominais na língua, que é a marca de gênero, e atuam como palavras nominais na estrutura, realizando entre si concordâncias nominais. Então, se o substantivo e o adjetivo são palavras nominais, nada mais coerente do que poderem receber, ligados a si, complementos nominais. Mas e o advérbio? Bem, os gramáticos dizem que o advérbio não é nominal: é adverbial. O advérbio não se comporta como um nome: não tem marca de gênero, não concorda com nada, não quer nem saber de ser nome. Ora, mas como é que uma palavra que não é um nome pode receber um termo que completa um nome (um complemento nominal)? Pois é. É aí que está o problema terminológico, o problema de falta de coerência que atrapalha a vida dos alunos. Se a palavra não é nominal, ela não pode receber um *complemento nominal*! Eu não posso dizer que um verbo recebe um complemento nominal, porque verbo não é nome. Da mesma forma, se advérbio não é nome, ele não pode receber complemento nominal, mas apenas complemento adverbial! Mesmo que a estrutura ligada ao advérbio pareça com um complemento nominal, eu tenho uma de três escolhas a fazer: ou chamo essa estrutura de complemento adverbial mesmo ou invento outro nome, desde que não seja nada com "nominal", ou começo a dizer que advérbio agora é nome e mudo toda a teoria acerca do advérbio.

Vou dar outro exemplo. Pensando apenas nos linguistas e estudiosos adultos, posso concordar plenamente com Perini (2010: 72) quando ele afirma que não há problema algum em chamar o *complemento do verbo* de *objeto direto*. Porém, minhas pesquisas com processos de ressignificação em escolas de educação básica mostraram que há um problema enorme com esse rótulo quando aplicado com crianças. Os alunos confundem brutalmente a ideia de objeto que eles trazem de casa (pequenas coisas que nos cercam, como um vaso ou uma caneta) com a abstração do objeto sintático, com a ideia abstrata de um termo sintático específico. E isso atrapalha uma enormidade na hora de ensinar! Ora, como este livro é dedicado à educação básica, eu não posso pensar nos linguistas. Preciso pensar nos alunos, nas crianças, nas formas de facilitar as coisas para eles. E, neste caso em questão, não é necessário criar outro rótulo para resolver o problema com a palavra "objeto", pois esse rótulo já existe e é "complemento verbal", que, aliás, é muito mais intuitivo em relação ao que representa para a criança.

Viu como funciona isso dos rótulos que damos às coisas? Precisamos fazer escolhas sobre esses rótulos na tentativa de tornar as coisas minimamente mais simples e coerentes para os alunos. O leitor ou o crítico deste livro precisam compreender isso para não cobrá-lo apenas com base na NGB ou querendo que ele fique igual à terminologia gerativa, ou estruturalista, ou seja lá qual for. Há uma lógica aqui e essa lógica tenta conciliar as necessidades pedagógicas dos alunos com as descobertas e convenções da Linguística. Mas isso nem sempre é plenamente possível.

TEMOS QUE FAZER ESCOLHAS A RESPEITO DA PROFUNDIDADE E DA ABRANGÊNCIA DAS EXPLICAÇÕES QUE VAMOS DAR

Como disse anteriormente, a língua é uma coisa tão complexa que ninguém dá conta de descrever toda sua infinidade de estruturas, variações, usos, peculiaridades regionais etc. Assim, precisamos fazer escolhas sobre a extensão de nossa proposta (afinal de contas, quanto da língua vamos descrever?) e, mais ainda, precisamos escolher a qual profundidade chegar, afinal, podemos pegar um único aspecto e tentar ser exaustivos sobre ele, ou dar explicações mais simplificadas de várias coisas.

Neste ponto, quero que você, leitor, tenha bem claro que este é um livro de apoio para professores e alunos da educação básica. Não é uma tese doutoral sobre Sintaxe do Português e não se propõe a apresentar aqui todos os fenômenos e variações de fenômenos e peculiaridades de fenômenos da sintaxe de nossa língua. Em primeiro lugar, a extensão de análise deste livro diz respeito àquilo que se estuda sobre sintaxe na educação básica, ou seja, os fenômenos mais comuns da língua, de maneira que o aluno consiga, ao menos, montar em sua cabeça um panorama geral da sintaxe da língua. Em segundo lugar, as explicações dadas não são propostas para as mínimas variações, para dar conta de tudo em todos os lugares. Não é esse o objetivo de se ensinar Sintaxe na educação básica. Aqui, tentamos "colocar rédeas" em nossa língua mal comportada, mostrando que há "nichos" de regularidade, partes dela que podem ser entendidas a partir de regras gerais, amplas e abrangentes (e não esqueça: escolher o ponto de vista pelo qual essas regras são descritas já foi uma opção do autor).

Um fato importante a compreender é que línguas muito antigas e isoladas, faladas por pequenos grupos de pessoas, tendem a ter menos variações de formato e de uso. Línguas modernas e resultantes de um monte de misturas, como é exatamente o caso do português brasileiro, que vem se entrelaçando com outras línguas desde o latim até hoje, seja com o árabe, com línguas indígenas, com línguas africanas, com o espanhol (que já é um "irmão" que correu por outros trilhos) etc., são línguas com uma infinidade de ressalvas, de reservas, de exceções. A gente explica um fenômeno e sempre aparece alguém com um exemplo de que aquilo acontece diferente ali e acolá. Mas é claro que é assim! Porque essa língua é assim! O português brasileiro é uma língua resultante de uma grande miscigenação, em que as exceções e os casos peculiares se manifestam aos milhões! Só que há de se entender que isso não é o tema central para a educação básica. Nessa fase, estamos tentando entender os aspectos mais gerais e mais amplos e, de preferência, de uma forma que faça algum sentido, que não seja apenas uma imposição de cima pra baixo do tipo "é assim porque alguém disse que é assim e ponto".

Por isso, muitas vezes os fenômenos explicados aparecem simplificados, resumidos. O professor e o estudioso das línguas logo perceberão que aquilo é mais amplo, que aquilo vai adiante, que pode haver outros exemplos e contra-exemplos. Tudo bem, é assim mesmo. É que a gente não precisa ser piloto de Fórmula 1 pra poder tirar carteira de motorista e viver a vida inteira sem levar multa. Penso que entender isso é compreender os limites claros de uma obra, de seus objetivos, de sua proposta.

TEMOS QUE FAZER ESCOLHAS PEDAGÓGICAS
(no caso de uma obra destinada a ser apoio para
professores e estudantes, como é o caso desta)

Há infinitas maneiras de se ensinar alguma coisa, mas, no que concerne aos currículos, à sequenciação que adotaremos para os conteúdos, existe uma legislação no Brasil que regulamenta isso: trata-se dos Parâmetros Curriculares Nacionais.

Os PCN, como são conhecidos os tais Parâmetros, datam de 1996-97. Mas, embora sejam muito modernos em sua proposta, até hoje grande parte das escolas brasileiras ainda não os implementou efetivamente. Existem muitos livros didáticos que dizem estar de acordo com os Parâmetros, mas que, na verdade, mudaram apenas a capa. Assim, vemos que há escolas que fazem uma salada enorme com os conteúdos de Sintaxe, massacrando os alunos desde o período de alfabetização com conceitos e abstrações que não fazem o menor sentido para eles. Aqui, adoto a sequenciação proposta nos PCN. E isso por várias razões: não apenas por ser lei, mas porque a considero racional, muito inteligente, bem exequível. Essa sequenciação aparece no livro de forma clara e objetiva.

Nos lugares em que essa sequenciação é adotada (dos que conheço, é claro), ela funciona muito bem. Há experiências-piloto no país em que se aplica essa ordenação de conteúdos e os alunos aprendem com mais facilidade e consistência. Então, essa sequenciação aqui proposta não sai do nada, não está flutuando sobre o vazio. Ela tem sido experimentada, tem uma base legal e tem mostrado ser eficaz. Isso é uma escolha que se faz, embora não seja a única possível.

Mas e se em sua escola a sequenciação for diferente? Bem, nada impede você, como professor, de propor alterações na ordenação dos conteúdos. Isso é garantido como direito seu na Lei Federal 9394/96, a LDB (Lei de Diretrizes e Bases). Mas, se prefere outra sequenciação, nada o impede de fazer adaptações do conteúdo do livro à ordenação que lhe agrada mais.

TEMOS QUE FAZER ESCOLHAS
EM RELAÇÃO A DUAS BOAS EXPLICAÇÕES

Existe mais de uma boa explicação para um mesmo fenômeno linguístico. Isso é meio diferente do que ocorre nas ciências exatas ou na Química, por exemplo. Na Química, se você mistura uma quantidade x de um elemento químico a uma quantidade y de outro elemento, nas mesmas condições de pressão, temperatura etc., o resultado será sempre o mesmo. É isso que garante que a tinta vermelha que você comprou seja mesmo uma tinta vermelha sem que você precise olhar dentro da lata e que o remédio para o coração que eu uso seja o mesmo remédio para o coração em todas as caixinhas, por exemplo. E é relativamente simples explicar como isso acontece. Mas quando temos um fenômeno linguístico diante de nós, as explicações nem sempre são tão objetivas, tão claras, tão invariáveis. Assim, o João entra numa sala que tem três pessoas e diz "Bom dia!". Um fica contente e responde "Bom dia!", o outro fica com raiva e manda o João para o inferno e o outro não está nem aí para o João. Por que essas coisas acontecem pode ser explicado de diferentes maneiras, por diferentes pontos de vista. E muitas dessas explicações serão muito boas! Mas qual deve ser escolhida? Todas? Algumas? Só uma? Nenhuma? Talvez tenhamos que escolher a que mais nos convence, de acordo com o ponto de vista de nossa análise.

Neste livro, haverá momentos em que aparecerão boas e diferentes explicações para um mesmo fenômeno. Alguém vai ter que fazer uma escolha sobre elas. Alguém tem que decidir qual é a que mais convém. E quem deve fazer isso? Bem, eu já fiz isso e apresento minhas escolhas aos meus alunos universitários, embora mostre as diferentes explicações possíveis que conheço. Na educação básica, dependendo do nível dos alunos, o professor poderá fazer essa escolha. Isso é um privilégio do professor que não deve ser dele retirado. A legislação diz que o professor tem direito a escolher formas e conteúdos de ensino. Ele pode compartilhar com o autor do livro o direito de escolher esta ou aquela explicação, conforme esta ou aquela o convença mais ou, ainda, conforme considere uma ou outra mais adequada para o nível de cada classe. Isso não é uma transferência de responsabilidade para o professor. É, ao contrário, reconhecer a responsabilidade que ele já tem e o direito de escolha que ele deve exercer.

Na descrição sintática de uma língua, isso é relativamente comum. Podemos escolher, às vezes, entre duas ou mais formas de encarar um fenômeno até dentro de uma mesma teoria – sim, dentro de uma mesma teoria! – levantando boas razões com base em um mesmo ponto de vista. Um exemplo? O *verbo de ligação* e seu *complemento*. O *verbo de ligação* é igual ou diferente dos *verbos transitivos*? O *complemento* do *verbo de ligação* deve ser chamado apenas de *complemento verbal* ou deve ser chamado de *predicativo*? Sabe que há boas razões para justificar todas essas opções? E sabe que até um mesmo estudioso, em diferentes épocas de sua vida, pode escolher boas respostas diferentes para isso? Um exemplo disso pode ser visto na obra do professor Mário Perini, que é um dos mais reconhecidos estudiosos da Sintaxe no Brasil e um dos meus autores preferidos. Em seu livro *Sintaxe portuguesa*, de 1989, ele discute largamente a diferença entre *objetos diretos* e *predicativos do sujeito*, chegando a admitir boas razões para manter ambos os rótulos, embora acabe optando (por escolha, sempre a escolha!) por priorizar o rótulo *objeto direto* para os casos estudados no livro. Porém, aparece uma tabela de funções no livro em que o predicativo está contemplado. Ou seja, a ideia não é apagada, negada, ali. Em sua *Gramática do português brasileiro*, de 2010, o *predicativo* sequer aparece e a classificação dada aos *objetos* (que não são mais *objetos diretos* ou *indiretos*, mas *sintagmas nominais objetos*) é totalmente diferente da anterior. O que aconteceu? Ele estudou mais, compreendeu melhor as coisas, fez novas escolhas entre mais de uma boa explicação. Isso é natural e altamente desejável no avanço científico. Quanto mais a gente compreende os fenômenos, mais apto fica pra fazer novas escolhas, ou melhor, justificar escolhas anteriores.

MUITAS VEZES, TEMOS QUE FAZER ESCOLHAS QUE DEFINEM COMO UMA FRASE SERÁ ENTENDIDA

Não falo, aqui, apenas de mudanças de sentido que ocorrem de pessoa para pessoa por causa de um bom-dia ou como um verbo de ligação deve ser encarado. A língua nos reserva mais dificuldades de análise ainda. Pense na frase "João cuidou de seu cachorro doente". Dependendo da maneira como é pronunciada, ou seja, da entonação que é dada, quem estava doente era o João ou o cachorro. Isso é importante, pois muda não apenas o sentido da frase, mas a estrutura sintática também: no primeiro caso, a palavra *doente* está ligada à palavra *João* e, no segundo, ela está ligada à palavra *cachorro*. Na escrita, porém, essa frase não tem entonação nem pontuação que possa marcar essa diferença: apenas quem a analisa determinará se é uma ou outra a escolha a ser feita.

Imagine, ainda, a seguinte notícia em uma revista dessas que falam dos capítulos das telenovelas: "Padre Antônio casa Manoel e Maria". Quem conhece a novela sabe bem do que se está falando e já fica esperando para assistir o capítulo do casamento. Temos aí uma estrutura sintática bem formada, uma frase verbal. Mas imagine, agora, uma situação em que a professora pede ao aluno que dê cinco exemplos de substantivo e ele responde "padre, Antônio, casa, Manoel e Maria". A resposta está corretíssima, mas, embora tenhamos exatamente as mesmas palavras na mesma ordenação, agora não temos mais uma frase verbal, não temos mais o verbo *casar*, as palavras *padre* e *Antônio* não estão mais ligadas entre si, enfim, mudou tudo do ponto de vista semântico e do ponto de vista sintático. E como a gente poderia fazer diferença entre uma e outra? Pela situação em que as palavras foram usadas, pela entonação com que foram pronunciadas (que, na escrita, se tenta representar aí com o uso de vírgulas para separar os termos), enfim, pelo entendimento diferenciado que o "conjunto da obra" nos proporciona.

Ou seja: quando lidamos com uma língua natural (por exemplo, fazendo análise sintática), estamos lidando com uma estrutura em que existem *variáveis reais*, em que uma mesma coisa pode ter diferentes sentidos ou várias coisas podem ter um mesmo sentido, em que uma mesma estrutura pode ser interpretada de diferentes formas, em que uma "mera" entonação muda toda a estrutura. Isso não acontece, por exemplo, na Matemática. Na expressão $x + 5 = 8$, embora a tradição tenha nos acostumado a chamar x de *variável*, é claro que x *não é* variável "de verdade". Nessa expressão, por exemplo, x vale "3" e só pode valer "3", pois se esse valor variar a expressão não se resolve corretamente. O mais adequado seria chamar x, nesse caso, *de incógnita*. Já na frase "O homem caçou o leão apavorado", que não é da Matemática, mas de uma língua natural, não dá pra saber se quem estava apavorado era o homem ou o leão. Essa variação, real e plenamente aceitável, muda a estrutura sintática, o sentido e a forma de falar a frase, o que muda, inclusive, a situação em que a frase deverá ser usada. E qual está certa? *O leão apavorado* ou o *homem apavorado*? Esse é o ponto: as duas podem estar corretas, em diferentes situações, com base em diferentes pontos de vista e suportadas por diferentes explicações. Bem, esses são pequenos exemplos de que, quando lidamos com fatos da língua, é possível que tenhamos que fazer escolhas entre maneiras diferentes de definir até nosso objeto de estudo.

FINALMENTE, TEMOS QUE ESCOLHER QUE "LÍNGUA" VAMOS ANALISAR

Muitas vezes, quando apresentamos um exemplo em uma obra, para analisá-lo ou para mostrar como alguma regra da língua funciona, algum linguista se levanta e diz: "Mas isso acontece diferente na fala!", como se fosse uma forma de negar a validade do exemplo dado. Isso já aconteceu algumas vezes com livros que escrevi. É como se a coisa ficasse meio assim: como quase ninguém mais fala "Dar-te-ei um presente.", alguns linguistas acham que isso não faz mais parte da língua e ponto final. Acho que essa é uma posição um tanto infantil em relação

24 Sintaxe para a educação básica

a uma língua como o português e, mais ainda, em se tratando de uma obra de análise gramatical. Vou explicar.

Uma língua como o português não vive só da fala. Ela também tem uma existência escrita que é muito importante e que faz parte de nosso cotidiano tanto quanto a fala, e cada vez mais e mais (engraçado que nenhum linguista reclama dos documentos escritos da Torre do Tombo quando vai analisar a língua de séculos passados). A existência da escrita é múltipla e complexa, pois ela não é uma coisa só, com uma cara só, com um nível só de formalidade. São bilhões ou trilhões de páginas escritas e lidas ao longo da história, de livros e mais livros, documentos, revistas, páginas de internet, cartas, bilhetes, receitas, rótulos, manuais etc., em inúmeros gêneros, estilos, formatos encravados de pessoalidade, que dão à forma escrita da língua uma vida, uma existência que é tão real e diversificada quanto à existência da fala e que, da mesma forma que esta, segue uma gramática, ou seja, regras que permitem que coisas como "dar-te-ei" sejam entendidas pelos falantes e sirvam para comunicação. Jogar fora, em privilégio apenas da fala, toda a existência escrita da língua é mais do que radicalismo: é uma simplificação não aceitável no fazer científico.

Por outro lado, é claro que a fala é diferente, e que a fala, em todas as culturas, antecede a escrita, pois ela é uma expressão natural (enquanto a escrita é uma tecnologia) e tem um valor inestimável para a compreensão da identidade dos falantes. Também sabemos que a fala se desenvolve de forma diferente da escrita, pois nela a gente gagueja, corta as frases e palavras ao meio, corta o pensamento expresso ao meio, substitui palavras por gestos, caras e bocas, muda a entonação, usa quilos de *uai*, *né*, *então*, *tá*; enfim, se comparada à escrita, a fala é um jeito muito diferente de usar uma língua, de aplicar a sua gramática. Se na escrita a gramática parece ser mais "comportada", na fala, ela vai aos seus limites, abusa de todas as formas possíveis de variação permitidas pelas regras gramaticais. Mas isso não significa que a fala seja a única fonte de estudo importante para a gramática. Aliás, compreendo que alguns fenômenos que ocorrem na fala só se conseguem explicar a contento quando temos uma visão muito clara da gramática mais "comportada" da língua que aparece em algumas formas de falar e em algumas formas de escrever.

A pergunta mais relevante aqui, portanto, é: qual dessas "línguas" estudar na educação básica? E a resposta, creio eu, está no bom-senso de não ir ao meio do deserto nem ao alto-mar. É importante, em primeiro lugar, que os alunos entendam que uma língua como o português, inclusive o português brasileiro, em toda sua complexidade, se manifesta de diversas formas. E, se queremos usar rótulos grosseiros aqui, podemos dizer que há uma realidade na língua falada e outra na língua escrita (já vimos que isso é mais complexo, porém essa separação preliminar pode resolver por enquanto, pois é muito intuitiva). Mas também é preciso demonstrar como essas realidades são complementares e não excludentes. Isso explicado, torna-se importante que os exemplos que venham a ser estudados pelos alunos iniciantes sejam, sim, exemplos "comportados", ao menos no início dos estudos. A gente começa com o "feijão com arroz" da língua, com exemplos simples, e aí não importa se eles são tirados da fala ou da escrita, desde que sejam plenamente compreensíveis, plenamente aceitos pelos alunos como fazendo parte de sua língua.

Esses exemplos básicos é que permitem ver o funcionamento geral da língua. Permitem mostrar aquelas que se pretende que sejam as regras básicas da gramática, da ordenação morfológica e sintática, o que seria a língua em sua "estrutura ideal", sem qualquer conotação socioideológica para a palavra "ideal" aqui. Por isso, é claro que eu não estou falando de normatizações: estou falando que uma regra de gramática deve ser ensinada a partir de sua versão mais "comportada" e "completa". A partir dessa estrutura completa, temos condições de começar a falar em variações, mudanças e todos os limites explorados pelos falantes dessa língua em suas diversas versões faladas e escritas. Vou dar um exemplo bem simples:

Observe a frase "*Os gatos pretos beberam o leite.*" Nessa frase temos o uso mais comportado das regras de concordância. A concordância nominal está "completa" (*os gatos pretos*) e a concordância verbal também (*gatos beberam*). Podemos chamar essa forma de utilização da regra gramatical de "padrão", de "normal", de "completa", de "comportada", "*standard*", entre outras tantas possibilidades. Na verdade, a história mais do que conhecida é que, para qualquer rótulo que se escolha aqui, vai ter alguém apresentando algum argumento contra, especialmente argumentos ideológicos. Então, temos mesmo que escolher um e explicar o que queremos com ele dizer, assumindo o ônus do rótulo escolhido. Continuemos.

O fato é que entender que essa forma mais comportada da concordância em que todas as palavras nominais concordam de uma maneira comportada entre si, em que o verbo concorda com o sujeito de maneira "comportada", permite ver várias coisas importantes na língua (e eu nem vou tocar nas questões sociolinguísticas e ideológicas aqui: estou falando apenas de gramática básica). A primeira delas é que essa forma de concordância comportada existe, é reconhecida pelos falantes e funciona, ou seja, ela faz parte das regras da língua. Em segundo lugar, essa forma me permite analisar usos, normalmente da língua falada, como "*Os gato preto bebeu o leite*", ou outra como "*Os gato preto bebero/am o leite*" em que a regra apresenta algumas variações interessantes que mostram, por exemplo:

26 Sintaxe para a educação básica

a. que há a possibilidade de quebrar a regra geral de concordância em relação ao número (*os gato preto*), mas que não se pode fazer isso quanto ao gênero: "as gatos pretas" não seria aceito;
b. que, quando fazemos essa aplicação "resumida" da regra de concordância, a marca de plural fica na primeira palavra da sequência, mas a de gênero se repete em todas (*o-S gato preto*);
c. que, quando fazemos uso dessa forma econômica (*os gato preto*), ocorrem formas em que o verbo assume a concordância de singular da palavra base (*gato bebeu*) e às vezes ele vai para o plural (*gato bebero/am*), concordando com a *ideia* de plural expressa na palavra inicial da sequência nominal.

Mostrar isso, ou seja, toda essa diversidade, parece ter muito mais sentido em relação a uma regra geral, mais ampla. E ninguém está falando aqui de "transgressões", de "pecados", de "ignorância": estou falando de variações permitidas pelas regras gramaticais da língua, entre outras, as variações de uso das formas de concordância.

É preciso compreender que a educação básica não é um curso avançado de Linguística. Deve haver bom-senso em relação a isso também. As crianças e juvenis que estão ali estudando precisam ter um conhecimento de base de sua língua que os permita reconhecer o valor de sua forma de falar, mas que permita a eles, também, fazer uso da forma padronizada da escrita que é exigida na sociedade. Isso não se consegue ensinando apenas as variações da fala. É preciso adentrar pela escrita e ver como ela se organiza. E é justamente aí que eu afirmo que o bom-senso deve imperar nos estudos sintáticos. A escolha de exemplos mais "comportados" que permitem enxergar a aplicação mais próxima da escrita permitirá compreender melhor todas as variações que aparecerão na própria escrita e nas inúmeras variantes de fala. *É preciso ter bons exemplos "comportados" da escrita e da fala, exemplos que permitam ver as formas básicas e gerais de organização da língua.* Assim, é claro que, para qualquer exemplo dado, alguém vai aparecer e dizer "Mas na fala é diferente!". Bem, a essa altura dos conhecimentos linguísticos de que dispomos, isso é tão óbvio quanto dizer que "uma pessoa é diferente da outra". Mas também cumpre ver que, ao mesmo tempo, elas se parecem muito em vários aspectos.

Tendo falado de todas essas escolhas e das consequências que elas implicam, fica claro que este livro é, assim, o resultado de escolhas. Nele, foram feitas escolhas de ordenações de conteúdos, de formas de explicar, de rótulos a dar, de pontos de vista e de tudo mais o que nele aparece sobre a sintaxe da nossa língua. Não quero que este livro seja visto como se tivesse sido escrito com o mesmo espírito de tabu que ronda as gramáticas normativas disponíveis, que parecem ser construídas para um pretenso rol de "livros sagrados" da gramática brasileira, desses que alguns acreditam que não podem ser contestados ou modificados. Este livro não foi feito para isso, pois "livros sagrados" não são feitos para ser discutidos, pensados, contestados, avaliados: são feitos para ser obedecidos. Ao contrário, este livro é uma proposta de análise que não tem a pretensão de resolver todos os problemas. Este livro, portanto, se propõe como uma "tradução" da parte mais significativa da moderna Sintaxe funcional, para professores e alunos do período básico da educação brasileira. Nele, não há preocupação primordial com rótulos complicados ou com a erudição dos exemplos retirados dos clássicos. Ele foi idealizado e escrito para proporcionar simples e prático entendimento de como nossa língua se organiza, utilizando uma linguagem tão clara quanto me foi possível imaginar.

Então, *Sintaxe para a educação básica* torna-se um apoio para os professores e alunos das séries básicas, de forma que, se um dia, eles desejarem ingressar em um curso de Letras ou se pós-graduar em algum tema de Sintaxe, não precisem ficar "sofrendo" a matéria como pacientes de UTI, "rastejando" em busca de informações rudimentares, nem ouvindo de seus professores que lhes falta "a base da base". Nesse sentido, é um livro de "pés no chão", para pessoas que precisam de uma formação realmente inicial, mas sólida e interessante, como é o caso dos professores e alunos da educação básica brasileira, e alunos de Letras em estágio de aprendizagem básica da Sintaxe.

Desse modo, este livro faz uma ponte entre essa linguagem simplificada que adotei e os termos técnicos, o que permite ao professor ou ao aluno aprofundar seus estudos em outros livros especializados. Chamo isso de "dar nome aos bois", do mesmo jeito que se fala na linguagem popular. Então, cada vez que você encontrar um balão explicativo como este:

saberá que aí vem "o nome do boi". Vai saber, por exemplo, que o que chamarei de "parte da frase" neste livro aparece com o nome complicado de "sintagma" nos manuais especializados, e que aquilo que chamo de "lista" aparece com o nome de "paradigma" (que, convenhamos, é um nome bem estranho para o aluno das séries básicas).

Além disso, o livro ajuda o professor a fazer uma relação clara entre uma forma mais moderna de ensinar a Sintaxe, qual seja, a abordagem funcional que escolhi para este livro (e poderia ter sido outra, entre tantas existentes) e a abordagem tradicional e normativa, que comumente aparece nos livros didáticos. Isso se dá, em especial, no que diz respeito aos rótulos utilizados para dar nome às partes analisadas e suas funções. Por isso, será necessário, muitas vezes, comparar uma abordagem com a outra e, para isso, usarei balões explicativos como este:

Quando você vir esse balãozinho com dois livros dentro, já pode saber que estarei fazendo uma comparação entre as duas maneiras de ver o mesmo fenômeno: a funcional (adotada no livro) e a tradicional (que aparece na maioria dos livros didáticos). Isso é necessário porque não é possível, ainda, romper totalmente com a nomenclatura tradicional da Sintaxe e com a visão da gramática da língua como um todo. Como essa visão está arraigada em nossa educação há séculos, ela está sendo substituída paulatinamente, dentro das possibilidades de compreensão que as novas abordagens permitem. Neste aspecto, em especial, é necessário ter bom-senso, a despeito da vontade "científica" de explicar tudo em um formato novo, com uma terminologia melhor, mais adequada. Como disse, a visão tradicional aparece nos livros didáticos, nos concursos públicos, nos vestibulares e nos milhões de gramáticas normativas que são vendidas anualmente no Brasil. Assim, é preciso encontrar um meio-termo, um início de adaptação a novas propostas descritivas nessa fase de transição que ora vivemos, sem romper abruptamente com todas as formas tradicionais, o que significaria uma confusão demasiadamente grande para a maioria dos estudantes e professores brasileiros. Neste livro, proponho algumas mudanças, apenas aquelas que considero necessárias para facilitar o entendimento do estudante. Esta tem sido, também, a prática de outros linguistas brasileiros preocupados com a educação.

Aqui, inclusive, há uma preocupação bastante marcada de minha parte em ajudar o professor a escolher uma forma de ensinar a Sintaxe para seus alunos das séries básicas: uma preocupação pedagógica. Por isso, em alguns momentos da nossa trajetória, precisaremos pensar um pouco mais nos alunos da educação básica. Nessa hora de pensar nos alunos, você encontrará um balão explicativo assim, com um menino de olho arregalado e boca aberta. Afinal, é assim que eles costumam ficar diante das questões de sintaxe hoje em dia:

Já em outras passagens do livro, em meio a certas explicações, você poderá se perguntar como é que conseguiria fazer, sozinho, determinada análise ou chegar a determinada conclusão, sem ter que adivinhar as coisas. Bem, existem dicas úteis que se aprendem ao longo da carreira, os chamados "macetes" ou "pulos do gato", que a gente só descobre com a experiência ou quando alguém resolve contar o "segredo". Nessas horas, se eu souber alguma coisa que acho que vai ajudar, você encontrará um balão de "indicação de procedimento", com uma seta que aponta um possível caminho para você. Esse "balão de dicas" é assim:

Esses balões indicativos também trarão comentários e dicas mais gerais sobre o conteúdo explicado e sobre a própria organização do livro. Em resumo, como disse, ele é um "balão de dicas".

Acompanhando as explicações e as informações complementares, haverá algumas sugestões de exercícios para você e para os alunos. Esses exercícios virão indicados por essa figura aí embaixo, "malhando" um pouco:

Tá bom! Eu sei que a metáfora é velha... mas ainda funciona para lembrar que coisas complexas como a análise sintática demandam muita exercitação. E mais: essa exercitação não pode ser de qualquer jeito, senão pode-se ficar "torto". Assim como na malhação corporal a gente tem que tomar cuidado com os exercícios que faz e com a forma como procede, na "malhação" intelectual, exigida pela Sintaxe, é preciso se exercitar direito, uma coisa de cada vez, concentrando-se no que está se fazendo, passo a passo, um novo conhecimento de cada vez.

Aliás, esse negócio de "exercitar uma coisa de cada vez" é um dos aspectos mais importantes a se considerar quando ensinamos análise sintática para juvenis e adolescentes (e para adultos também!). Muitas vezes, passamos para os alunos um monte de conceitos de uma vez só e pedimos, depois, que eles façam análises completas, geralmente muito complexas, de algumas frases propostas. Assim, fica difícil demais, e o aluno acaba se desestimulando, porque tem a sensação de não ter entendido nada ou de ser burro! É preciso separar as coisas, uma de cada vez, de forma crescente, até que o aluno possa começar, aos pouquinhos, a juntar os conhecimentos. Isso você verá passo a passo ao longo do livro.

É claro que esses exercícios deverão ser feitos por você e por seus alunos, sem ficar "colando" de resposta alguma... Mas, mesmo assim, apresento as respostas lá no final do livro, só pra você poder conferir, se for necessário. Só se for necessário...

Finalmente, quero que você perceba uma característica deste livro, que é a forma progressiva do uso dos termos técnicos (ou rótulos) da Sintaxe. Quando o livro começa, não são usados termos técnicos. Tudo é explicado apenas com palavras do cotidiano da gente. Depois, começam a aparecer essas palavras comuns, que você conhece, já associadas aos termos técnicos. Eles convivem um pouco de tempo no livro, sendo usados ora um ora outro. Finalmente, as palavras comuns desaparecem e ficam apenas os termos técnicos, pois acredito que, a essa altura, você já estará familiarizado(a) com eles e será fácil compreender o texto. Isso, acredito, também poderia ser feito com os alunos. Em vez de falar diretamente em "sintatiquês", o professor poderia começar explicando com palavras mais simples e, depois, introduzir a terminologia existente.

Então, agora que você já conhece o objetivo deste livro e como ele foi pensado para você, podemos começar nossa jornada pelo mundo maravilhoso da Sintaxe. Posso garantir que fiz tudo o que me foi possível para tornar essa jornada a mais agradável e interessante possível. Espero que seja assim e que, ao final, você tenha uma compreensão diferente da importância de conhecer a estrutura de nossa língua e das incríveis belezas que ela nos reserva.

Boa leitura! Bons estudos!

Para começar a jornada

Nesta introdução, apresento alguns conceitos de base que são muito importantes para os professores. Os alunos de Português da educação básica não precisam de quase nenhum deles, mas os professores precisam de todos. São esses conceitos que funcionam como porta para os estudos da Sintaxe. Atenção a eles!

Toda língua é organizada de uma maneira bem definida. Ela precisa disso por causa de sua natureza de "sistema". Podemos chamar de "sistema" um conjunto de elementos que funcionem de forma organizada, com regras e funções bem definidas, com suas partes integradas e bem relacionadas entre si. Nesse sentido, a língua é também um sistema. Por isso, seus falantes não podem fazer uso da língua como bem entendem. Existem regras que eles precisam seguir. Se não seguirem essas regras, correm o risco de não ser entendidos. Observe esse trecho de português brasileiro:

☑ O gato preto bebeu todo o leite do prato.

Se eu experimentar mudar alguns pedacinhos das palavras de lugar, juntar palavras, alterar algumas coisas básicas, o que acontece? Vamos ver:

☑ O ogatopreteubebotod o eleitodoprat.

Isso não é mais português brasileiro... Parece que eu não tenho como mudar a ordem de certos pedacinhos das palavras. Eles obedecem a uma ordem muito rígida. Por outro lado, vamos ver o que acontece se eu deixar as palavras como eram, mas mudar sua ordem nesse trecho:

☑ Bebeu preto gato o do leite prato todo.

Isso também não mais é português brasileiro. Fica parecendo joguinho de criança, de colocar as palavras no lugar. Então, também parece que não temos tanta liberdade assim de mudar a ordem das palavras nos trechos da língua.

Isso acontece, justamente, por causa das regras de organização que a língua apresenta em seu aspecto de sistema, regras essas que permitem que todos os falantes usem um formato muito semelhante quando constroem suas falas e seja possível, aos demais, quase sempre entender o que cada falante diz.

As diferenças de organização entre as línguas parecem ser maiores do que realmente são. Existem muitos recursos comuns utilizados em várias línguas, mesmo que a sonoridade dessas línguas e as palavras que elas usem sejam muito diferentes.

O conjunto dessas formas de organização de uma língua, ou seja, o conjunto de regras que essa língua possui e usa para funcionar, pode ser chamado de *gramática da língua*.

A gramática de cada língua apresenta regras para todas as partes da língua, desde os sons (como eles devem ser pronunciados, como eles são organizados, como eles se inter-relacionam) até como construir os trechos mais complicados de fala, os textos. Há uma divisão tradicional das partes da gramática de uma língua que é interessante conhecer aqui. Veja:

- *fonética da língua* – parte relativa aos sons que a língua usa ("fonética" significa "ciência dos sons");
- *fonologia da língua* – parte relativa à forma como esses sons da língua são usados ("fonologia" significa "estudo dos sons"; nesse caso, é de como os sons funcionam na língua);
- *morfologia da língua* – parte que diz respeito aos pedacinhos que formam as palavras e às palavras já formadas ("morfologia" significa "estudo das formas"; "formas", aqui, são os pedacinhos das palavras);
- *sintaxe da língua* – parte que diz respeito às combinações feitas com as palavras, que formam esses trechos da língua que a gente usa para se comunicar ("sintaxe" significa "ordenar", "organizar"; é claro que aqui se está falando da ordem das palavras);
- *semântica da língua* – parte da língua que define como os sentidos serão atribuídos às palavras ("semântica" significa "ciência dos sentidos");
- *pragmática da língua* – parte que define as regras de uso prático da língua, ou seja, como vamos usar cada construção que fazemos com as palavras, como vamos pronunciar essas construções (se vamos gritar, se vamos sussurrar, choramingar), que tipos de palavras podemos usar em cada situação social etc. ("pragmática" significa "ciência da prática"; aqui, essa "prática" é a maneira como usamos a língua que falamos).

Assim, *a junção da fonética, da fonologia, da morfologia, da sintaxe, da semântica e da pragmática de uma língua formam a* **gramática** *dessa língua*.

Cada parte de uma língua pode ser estudada de forma mais ou menos independente. É claro que não dá pra separar totalmente uma parte da outra, especialmente a semântica: já que tudo na língua tem que fazer sentido, a semântica está em todos os lugares da língua. Mas, para compreender melhor cada parte, é possível fazer uma separação artificial. Ou seja, a gente entende que é uma separação só para estudar, assim como pode separar na mente uma parte do corpo humano só para estudar, por exemplo, mas não deve separar de fato, senão ela morre, fica sem função.

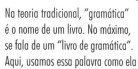

Na teoria tradicional, "gramática" é o nome de um livro. No máximo, se fala de um "livro de gramática". Aqui, usamos essa palavra como ela é utilizada na Linguística, ou seja, como uma parte da língua: a parte das regras que definem como a língua é e como ela funciona.

Cada parte da língua é estudada por uma parte da Linguística. *Linguística é a ciência que estuda todos os aspectos das línguas*.

Cada umas dessas **partes da Linguística** que se dedica a estudar uma das partes da gramática da língua recebeu o mesmo nome que se dá a essa parte da gramática. Assim, a divisão da Linguística chamada *Fonética* (com letra maiúscula, por ser uma ciência) estuda a fonética da língua, a *Fonologia* estuda a fonologia da língua, a *Morfologia* estuda a morfologia, a *Sintaxe* estuda a sintaxe, a *Semântica*, a semântica e o mesmo se dá com a *Pragmática*, que estuda as regras da pragmática da língua. Essa foi mesmo uma forma bem prática de criar os nomes dos estudos de cada parte da língua! Então, preste atenção: quando eu falo que estou estudando a sintaxe do

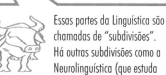

Essas partes da Linguística são chamadas de "subdivisões". Há outras subdivisões como a Neurolinguística (que estuda questões de língua relacionadas ao funcionamento do cérebro), a Sociolinguística (que estuda a língua na sociedade), a Psicolinguística (que estuda questões relacionadas à psicologia humana e a língua), entre outras tantas. Mas, essas que apresento aqui são as que se ocupam mais com a gramática da língua em si, com as regras que dão a uma língua o formato que ela tem.

português, estou dizendo que estou estudando a maneira como a sintaxe dessa língua é organizada e tentando dar nomes a cada uma das partes que me interessam. Quando digo que "faço Sintaxe", estou dizendo que pratico uma ciência que estuda as características sintáticas de uma ou mais línguas.

Aqui vamos estudar os aspectos básicos da sintaxe do português brasileiro, suas regras e as formas básicas de organização dos trechos da língua que acabam formando os textos que falamos e escrevemos.

O QUE A SINTAXE ESTUDA E QUE CRITÉRIOS DEVE USAR

Como vimos, a Sintaxe estuda justamente a sintaxe das línguas (ordenação, organização das palavras, construção das frases). Ou seja, com a Sintaxe vamos estudar as regras que são usadas para formar os trechos da língua que criamos quando falamos e quando escrevemos.

Assim, a Sintaxe não vai estudar os sons das palavras, nem os pedacinhos das palavras, nem os sentidos que as palavras têm. Mas, como disse anteriormente, às vezes, vamos ter que recorrer a essas coisas todas para poder explicar alguns fatos da sintaxe de uma língua, pois elas podem estar relacionadas umas com as outras – e geralmente estão! A divisão das partes da gramática da língua é tão complicada como a própria divisão das partes da língua. Como está tudo relacionado, pode ser que eu precise falar aqui de melodias (que seriam um problema da Fonética e da Fonologia), de sentidos (que seria um objeto para estudo da Semântica) ou do tipo das palavras que formam a frase (que seria caso de estudo para a Morfologia).

Essa dificuldade de isolar totalmente as partes da língua fez com que alguns estudiosos propusessem um estudo de "tudo junto" ou, pelo menos, de algumas partes juntas. Esses estudos são chamados de "estudos interfaciais", ou seja, que exigem que você olhe para muitas "faces" da língua ao mesmo tempo. Aqui, algumas vezes, vamos ter que fazer isso. Mas não se assuste: isso não complica, simplifica!

De toda forma, esses trechos que usamos para nos comunicar seguem regras bem definidas, que precisam ser estudadas uma a uma, desde as mais simples até as mais complicadas.

Mas, para estudar essas regras, precisamos de *critérios*. O que é um critério? Um critério é uma "medida", um "padrão", uma "referência", uma "forma fixa de ver a coisa" que você usa como modelo único para analisar algo. *Usar um critério para analisar uma parte da língua é escolher uma forma de ver essa parte e, então, usar sempre essa mesma forma de ver para as mesmas coisas que se analisa.* Não existe apenas um conjunto de critérios para analisar as línguas. Cada teoria gramatical, cada forma de olhar e explicar as línguas contempla seu próprio conjunto de critérios. E, muitas vezes, eles são tão diferentes entre si que nem é possível compará-los por falta de elementos comuns. Aqui definimos que nossos critérios serão de *natureza funcional*, ou seja, vão privilegiar explicações que mostrem como a língua funciona em ambiente real de uso.

Portanto, *se eu estou estudando as regras sintáticas de uma língua, eu preciso de critérios que sejam sintáticos.* Ou seja, seria muito bom se eu pudesse usar, em minha análise, os mesmos critérios que a língua usa como base para criar e aplicar suas regras de organização das palavras. Se imaginamos a língua como um sistema funcional, podemos imaginar que ela use critérios funcionais e aplicar esses mesmos critérios para analisar a estrutura. Isso é possível e é exatamente o que vamos fazer aqui. Mas, lembre-se, isso não passa de um ponto de vista de análise. Se você mudar seu ponto de vista, precisará mudar os critérios e, então, a análise muda toda. Vou dar um exemplo mais concreto para facilitar o entendimento deste ponto.

Imagine um cavalo qualquer. Um cavalo pode ser avaliado com base em muitos critérios: aparência, força, velocidade, raça, cor, nível de adestramento, origem etc. Digamos que eu estude a origem dos cavalos no mundo. Para meu estudo, vai interessar de onde o cavalo vem, em que região do mundo ele se originou. Esse é meu critério básico e não importa tanto se ele é manso ou selvagem, bonito ou feio, grande ou pequeno. Mas, pense em um pintor que só quer pintar lindos cavalos correndo pela praia. Não creio que vai interessar muito para ele se o cavalo é da China ou do Alasca. Ele quer cavalos bonitos, grandes, de pelo brilhante e crinas longas que lhe sirvam de modelo. Ele mudou o ponto de vista e o critério de análise e isso mudou tudo. Um raro cavalo do Tibete, que vale milhões, pode não ter interesse algum para esse pintor, porque apesar de ser raro, é feio aos olhos do artista. Esse exemplo simplista é suficiente para nos mostrar que a escolha dos critérios depende de nosso ponto de vista, de nossa *concepção do objeto de estudo.* Por isso é que, quando me proponho a analisar uma língua pelo prisma de seu funcionamento, meus critérios devem ter algo de funcional claramente definido neles.

A falta de bons critérios é, justamente, um dos maiores problemas das gramáticas tradicionais no Brasil. Vamos ver um exemplo. Peguemos o conceito de sujeito mais comum nas gramáticas tradicionais. Vamos usar o conceito de uma das gramáticas mais vendidas no Brasil, a *Novíssima gramática da língua portuguesa*, de Domingos Paschoal Cegalla. Ali se diz o seguinte:

"Sujeito é o ser de quem se diz alguma coisa." (p. 269)

Pense comigo: O que é um "ser"? Essa é uma resposta bem complicada, não é mesmo? Mas, podemos direcionar nossa preocupação para outra pergunta, mais fácil: será que, quando fazemos uma análise sintática, estamos falando das partes dos trechos da língua ou dos seres? Penso que estamos falando das partes dos trechos da língua, de coisas gramaticais, de palavras organizadas, e não dos seres e daquilo que se possa dizer deles.

Bem, não se preocupe por ora com a melhor definição de sujeito, pois vamos ver isso com calma lá adiante. Mas, é claro que os critérios usados para estudar a sintaxe da língua nessa gramática citada são bem ruins! Se estamos analisando a sintaxe da língua, precisamos de critérios sintáticos, de ordenação, de organização das palavras, de como a língua combina e gruda as palavras entre si, e não de coisas sobre os seres do mundo e do que podemos dizer deles. Aliás, observe esse trecho:

☑ A Maria bateu no pobrezinho do João doentinho na cama.

De quem estamos falando alguma coisa aqui? Alguém poderia dizer que estamos falando de duas pessoas: da Maria (que bateu) e do João (que apanhou mesmo estando doentinho na cama). Mas, parece mesmo é que a frase dá mais atenção ao João do que à Maria. Bem, de toda forma, no mínimo, falamos de dois "seres" vivos e da cama, que não deixa de ser algo também, embora, na prática, parece que estamos mais chamando atenção para um desses "seres": o João e sua condição. Mas, apenas a parte *A Maria* é o sujeito desse trecho.

Observe com atenção: o trecho fala de duas pessoas. Tudo bem! Mas, quando digo que quero fazer uma análise sintática desse trecho, não estou preocupado com as pessoas de que o trecho fala, muito menos do que se fala sobre elas. Muito diferente disso, minha preocupação está em:

- saber como as palavras da língua se organizam nesse trecho, ou seja, como elas se combinam;
- quais as regras que permitem essa organização;
- como cada parte desse trecho funciona; e
- se é possível classificar, dar um nome a cada uma dessas partes com base em alguma dessas regras que a própria língua usa.

Isso seria fazer **análise sintática**. Por outro lado, não é fazer análise sintática saber se esse trecho da língua diz alguma coisa a respeito de alguém ou de algo. Veja que, quando falo de "sujeito" em uma análise sintática, não estou falando de uma pessoa ou de uma coisa, mas de uma *função de uma parte do trecho da língua que estou analisando*.

> Análise sintática é o nome que se dá ao procedimento de verificar a função de cada uma das partes organizadas de um trecho de uma língua qualquer, identificando as partes com características comuns (isto é, "classificar", ou seja, estalebecer uma "classe") e, se possível, dando um nome a cada classe.

Portanto, se minha preocupação é com as *funções das partes* que eu analiso, posso dizer que meu *estudo é funcional*.

O resultado de usar um critério ruim é que teremos problemas na hora de analisar a língua. Um critério ruim dá respostas ruins na análise e não resolve a questão de como analisar as coisas. Portanto, teremos aqui uma grande preocupação de que nossos critérios sejam apenas sintáticos, pois estamos fazendo análise sintática. Em outras palavras, *procuraremos descobrir quais são as regras e os recursos que a própria língua utiliza para organizar seus textos falados e escritos, e usaremos essas regras e recursos como base de nossos critérios de análise*.

QUANDO ENSINAR A SINTAXE DA LÍNGUA NA EDUCAÇÃO BÁSICA?

Quem define o que deve ser ensinado na escola, em cada série, é o Projeto Político-Pedagógico (PPP) da escola, que deve ser baseado nos parâmetros curriculares estabelecidos como mínimos de conteúdo.

> Este subtítulo é bem específico para professores. Ele fala de planejamento e de divisão de conteúdos gramaticais na escola básica. Caso seu interesse seja apenas pela sintaxe, pode passar para a próxima seção.

Segundo as leis da educação, especialmente a Lei 9394/06 (a chamada LDB), a coisa funciona assim: primeiro os governos definem o mínimo que deve ser estudado – no Brasil, o Governo Federal; nos estados, o governo de cada estado; e, nos municípios, o governo de cada município, na forma de *parâmetros curriculares mínimos*. Então, as escolas usam esses parâmetros mínimos (todos ao mesmo tempo – nacional, estadual e municipal) para construir a proposta pedagógica da escola, que vai conter o *currículo pleno* do estabelecimento, ou seja, o que será ensinado ali naquela escola. Bem, isso é na lei, na teoria, porque na prática mesmo, faz mais de 14 anos que os Parâmetros Curriculares Nacionais foram publicados e ainda há estados, municípios e escolas que descumprem quase tudo o que está lá.

Uma prova bem concreta disso é que os PCN falam claramente que, nas séries iniciais, o aluno deveria aprender as quatro habilidades básicas da comunicação, ou seja: ouvir, falar, ler e escrever. Nessas séries, a escola deveria estar preocupada em ensinar, de verdade, essas quatro coisas nas aulas de português e não em ficar fazendo os meninos decorarem nomes difíceis da gramática. Desde a alfabetização até o quinto ano, as crianças deveriam ter atividades bem definidas, constantes e em grande quantidade para aprender a ouvir mesmo, falar em qualquer situação, escrever muito bem todos os tipos de texto de que ela precise e gostar de ler, sabendo ler direito todas as coisas de que ela necessite. Mas, ao contrário disso, a gente vê livros didáticos – inclusive comprados pelos governos – que, logo na segunda série, já falam de sujeito e predicado, de objeto direto e de complemento nominal, e daí para pior! Assim não dá mesmo, porque a criança, nessa fase, ainda não está operando corretamente com abstrações e o estudo da gramática é abstrato. Então, isso é ensinar para a criança algo que ela não tem, ainda, condições de aprender.

É claro que as crianças, nessa fase até os 10 anos, são ótimas para decorar coisas. Elas decoram nomes, letras de música, poesias, exemplos, páginas da cartilha inteiras... Então, elas podem repetir as coisas que estudaram. Mas será que elas entenderam o funcionamento da língua, através das abstrações que são aludidas nas explicações gramaticais? Acho que não... E o que é pior: a gente costuma ficar com raiva daquilo que não entende. Não é de espantar que tantas e tantas crianças digam que não gostam das aulas de Português.

Então, como deve ficar a divisão dos conteúdos de Português nas séries escolares? Quando a criança vai começar a ver análise sintática? Bem, apresento abaixo uma sequência de conteúdos de Português de acordo com os PCN, que seria, a meu ver, uma boa divisão entre as séries, fácil de trabalhar e plenamente exequível. Começamos lembrando que as cinco primeiras séries abrangem apenas as habilidades básicas da comunicação. O que cada habilidade dessa envolve?

Ouvir:
- compreensão do que se ouve, em qualquer circunstância e em qualquer nível de linguagem;
- habilidade de reproduzir o que se ouviu com fidelidade;
- paciência e cortesia no ouvir;
- habilidade de "filtrar" o que se ouve, interpretando intenções e ideologias.

Falar:
- habilidade de expressar-se com clareza e segurança em qualquer situação e sobre qualquer assunto que se domine;
- domínio da ética do falar, com responsabilidade e senso de consequência;
- domínio das diferentes técnicas oratórias para a consecução de objetivos comunicativos específicos.

Ler:
- gosto pela leitura variada, com finalidade educativa e de lazer, desenvolvendo o hábito da leitura como uma "respiração da mente";
- habilidade de compreensão do que se lê;
- habilidade de interpretação do que se lê;
- habilidade de expressão oral da leitura, em determinadas situações.

Escrever:
- conhecimento e domínio de todos os elementos tecnológicos e estilísticos necessários à escrita segura, coerente e funcional: ortografia, separação silábica, paragrafação e demais elementos formativos da escrita, elementos coesivos e de coerência, expressão do conteúdo com clareza e objetividade;
- conhecimento e domínio dos diversos tipos de textos, seus objetivos e utilização na sociedade.

Então, definidos os conteúdos de cada habilidade, como eles ficam divididos nos cinco anos iniciais? Uma boa proposta é esta:

Alfabetização (1º ano):
- Período preparatório: coordenação, atenção, diferentes tipos de atividades que desenvolvam a noção de "leitura", partindo do pictográfico para o ortográfico;
- Alfabetização básica (ler e escrever no nível essencial);
- Ouvir e falar.

2º ano:
- Alfabetização avançada (separação silábica, reforço da ortografia e dos critérios de apresentação do texto);
- Pontuação básica;
- Leituras diversificadas;
- Ouvir e falar.

3º ano:
- Trabalho com a ortografia avançada e com a apresentação do texto;
- Pontuação avançada;
- Leitura diversificada;
- Redação de tipos diversos de textos (narrações e descrições);
- Ouvir e falar.

4º ano:
- Trabalho com a ortografia avançada e com o a apresentação do texto;
- Pontuação avançada;
- Leitura diversificada;
- Redação de tipos diversos de textos (narrações, descrições e argumentações);
- Ouvir e falar.

5º ano:
- Trabalho com a ortografia avançada e com a apresentação do texto;
- Pontuação avançada;
- Leitura diversificada com aprofundamento nos aspectos da interpretação;
- Redação de tipos diversos de textos (narrações, descrições e argumentações);
- Ouvir e falar.

Então, como se vê, até o 5º ano, enquanto as crianças ainda não amadureceram bem sua cognição para questões abstratas, a gente não se preocupa com gramática, seja com terminologias, seja com coisas complicadas e abstratas de gramática. Estaremos focados em fazê-las ler e escrever muito bem mesmo, ouvir e falar melhor ainda! Assim, elas poderão compreender os textos das matérias que virão pela frente, entenderão bem as explicações dos professores, não terão dificuldades para escrever os trabalhos dos professores de todas as outras matérias, saberão se comunicar quando necessário, desde a rodinha de amigos até uma situação bem formal.

A **partir do 6º ano**, elas começarão a ver as questões gramaticais, mas nunca esquecendo que continuarão praticando e estudando as quatro habilidades básicas da comunicação, sempre de forma cada vez mais aprofundada.

Lembre-se que, aqui, estou falando apenas de conteúdos ligados à teoria gramatical.
Não estou falando das questões textuais e de redação, das questões ligadas à Literatura e de todos os outros conteúdos vinculados ao estudo do Português, os quais também serão trabalhados pelo professor dessa disciplina.

Além disso, é importante lembrar que esses estudos deverão sempre ser feitos de maneira prática, inseridos nos textos orais e escritos, mostrando-se as questões da variação entre as diferentes formas de falar que ocorrerem na classe e a diferença entre a fala e a escrita. Nunca é demais frisar, também, que é bom que todo esse estudo seja feito com base nos sentidos atribuídos aos textos, às palavras, ao material linguístico estudado. Por isso é que há "poucos" tópicos a estudar a cada ano: para que dê tempo de fazer um estudo mais detalhado, profundo, calmo, com compreensão, ou seja, de uma vez por todas, sem pressa, sem *vexame* (para lembrar aqui uma boa expressão nordestina).

Então, os conteúdos gramaticais dos anos que se seguem podem ser divididos assim:

6º ano:
- (Continua todo o trabalho com as quatro habilidades básicas da comunicação e com o texto, especialmente a leitura e a redação diversificadas, com as questões de ortografia, de pontuação, de coesão e coerência, de variação linguística etc.);
- As classes de palavras – conceitos gerais;
- Estudo das seguintes classes nominais – nomes (substantivos), adjetivos, numerais, artigos.

7º ano:
- (Continua todo o trabalho com as quatro habilidades básicas da comunicação e com o texto, especialmente a leitura e a redação diversificadas, com as questões de ortografia, de pontuação, de coesão e coerência, de variação linguística etc.);
- Estudo da seguinte classe nominal – pronomes;
- Estudo dos advérbios.

8º ano:
- (Continua todo o trabalho com as quatro habilidades básicas da comunicação e com o texto, especialmente a leitura e a redação diversificadas, com as questões de ortografia, de pontuação, de coesão e coerência, de variação linguística etc.);
- Estudo dos conectivos (conjunções e preposições);
- Estudo das interjeições;
- Início dos estudos com a classe dos verbos.

9º ano:
- (Continua todo o trabalho com as quatro habilidades básicas da comunicação e com o texto, especialmente a leitura e a redação diversificadas, com as questões de ortografia, de pontuação, de coesão e coerência, de variação linguística etc.);
- Continua o estudo com a classe dos verbos;
- Estudo de questões de regência e colocação;
- Início do estudo da sintaxe, com os aspectos gerais: regência (e subordinação), concordância, coordenação, ordem, entonação e a relação desses aspectos com os textos e com os sentidos.

Ensino médio:

1º ano:
- (Continua todo o trabalho com as quatro habilidades básicas da comunicação e com o texto, especialmente a leitura e a redação diversificadas, com as questões de ortografia, de pontuação, de coesão e coerência, de variação linguística etc.);
- Continuação do estudo da sintaxe, com o período simples.

2º ano:
- (Continua todo o trabalho com as quatro habilidades básicas da comunicação e com o texto, especialmente a leitura e a redação diversificadas, com as questões de ortografia, de pontuação, de coesão e coerência, de variação linguística etc.);
- Continuação do estudo da sintaxe, com o período simples.

3º ano:

- (Continua todo o trabalho com as quatro habilidades básicas da comunicação e com o texto, especialmente a leitura e a redação diversificadas, com as questões de ortografia, de pontuação, de coesão e coerência, de variação linguística etc.);
- Continuação do estudo da sintaxe, com uma introdução ao período composto.

Então, como podemos ver, a Sintaxe propriamente dita, no formato de matéria específica de "análise sintática", começa a ser ensinada, na educação básica, depois que o aluno já passou para a fase de maturação cognitiva que permite a ele operar facilmente com abstrações (isso se dá, mais ou menos, entre 10 e 11 anos de idade, segundo os estudos de Jean Piaget) e que ele já domina, no mínimo, o seguinte:

- As habilidades básicas da comunicação;
- As classes de palavras do português;
- Os conceitos básicos da organização das palavras da língua, como a regência e a concordância, ordem, entonação e coordenação, entre outros.

Assim, quando o professor está dando formação em classes de palavras, em questões de texto, em concordância, entre outros saberes, tudo isso já é uma preparação para a análise sintática, que será vista nas séries finais da educação básica. Mas, sem ele saber essas coisas, é perda de tempo e teimosia do professor tentar fazer com que seu aluno aprenda algo que se fundamenta justamente nesses conhecimentos. Saber essas coisas é como um "pré-requisito" para poder aprender sintaxe. Sem saber isso, o aluno pode até conseguir decorar alguns termos e exemplos para repetir na prova. Mas, entender de verdade o que está acontecendo, que fenômenos estão ali diante dele, saber como aplicar isso em outras análises de outros trechos da língua, isso não tem jeito.

Assim, **quando um professor é encarregado de ensinar análise sintática** em qualquer ano, fundamental ou médio, ele precisa verificar, primeiramente, se o aluno dispõe desses conhecimentos básicos. Se o professor descobre que o aluno não dispõe, é melhor ensinar isso primeiro e, depois, se der tempo, começar com a análise sintática. Se ele insistir em ensinar a análise sintática sem que o aluno tenha os conhecimentos prévios necessários, além de o aluno não aprender e o professor se desgastar, é muito provável que o aluno ainda fique com raiva da matéria, o que não é raro acontecer.

Essa é a hora em que o professor deve, realmente, pensar no seu aluno. O que vale mais a pena: forçar algo que a gente sabe que ele não vai aprender, porque não tem condição de aprender, ou voltar no conteúdo, mesmo que seja fora do programa da disciplina naquele ano, para ensinar a ele as bases de que ele precisa para todos os estudos posteriores? Eu fico com a segunda opção. Muitos professores pensam que têm que "cumprir o plano a qualquer custo". Isso é um engano! Não precisa ser assim. Pensar no aluno é, antes de tudo, ensinar a ele, na sequência mais adequada ao aprendizado, aquilo que ele pode aprender em cada fase. Desrespeitar isso é jogar fora tempo e energia.

Pois bem: depois que conversamos sobre todas essas coisas importantes, temos uma ideia mais clara do que espera os professores de Sintaxe na educação básica e podemos começar a ver a análise sintática em si.

Primeiro, vamos aprender os conceitos básicos e os fenômenos envolvidos na organização da sintaxe do português brasileiro. Vamos ver como a língua organiza as palavras, como ela "gruda" as palavras em estruturas mais complexas que se tornam textos. Depois de aprender esses conceitos básicos e entender os processos envolvidos, vamos passar para um estudo detalhado do período simples, verificando como os fenômenos que estudamos na primeira parte definem a maneira como devemos analisar e classificar cada pedaço de um trecho qualquer da língua. Isso é fundamental para que a gente possa entrar no estudo do período composto, que será o encerramento dessa nossa breve jornada.

A organização da língua

No geral, as pessoas não têm muito costume de ficar pensando na organização da língua que elas falam. É que a língua que se fala é tão natural, faz parte da gente de uma forma tão comum, que se aprende e se usa sem precisar ficar pensando muito em como ela funciona e em como ela é organizada. Isso, por si só, já dificulta um pouco as coisas quando se tem que fazer uma análise sintática, porque essa análise obriga a gente, justamente, a pensar em como a língua está organizada. Vamos fazer um pequeno exercício mental aqui.

Você já tentou imaginar como seria se cada um pudesse seguir as próprias vontades em relação à maneira de falar? Como seria se eu pudesse organizar as coisas que falo e escrevo, as combinações de palavras, a ordem das coisas, do meu próprio jeito, e você pudesse formar do seu? O que aconteceria, por exemplo, se eu colocasse sempre todos os verbos no começo das minhas falas e você sempre no final? Vamos ver:

> Eu: <u>Comer quero</u> eu hoje um bolo de chocolate.
> Você: Você bolo de chocolate então <u>vá fazer</u>.
> Eu: <u>Fazer sei</u> bolo de chocolate, eu não direito...
> Você: Eu não pra você, pois eu não tempo hoje <u>vou fazer tenho</u>.

Bem estranho isso! Fica parecendo conversa do filme *Guerras nas estrelas*, quando os autores dos roteiros querem caracterizar que as falas dos extraterrestres são diferentes das nossas. E a gente tem que fazer um esforço danado para tentar entender isso. Mas basta eu devolver os verbos para os lugares em que são comumente usados na língua e tudo passa a fluir sem problemas. Veja como isso não demanda esforço nenhum da nossa parte para entender, ao contrário do exemplo na forma anterior:

Eu: Eu <u>quero comer</u> hoje um bolo de chocolate.
Você: Você <u>vá fazer</u> bolo de chocolate, então.
Eu: Bolo de chocolate, eu não <u>sei fazer</u> direito...
Você: Eu não <u>vou fazer</u> pra você, pois eu não <u>tenho</u> tempo hoje.

O que esse exemplo nos mostra? Algo bem interessante! O famoso linguista **Noam Chomsky** e sua equipe de trabalho mostraram de forma bem convincente, que temos em nossa mente como que uma "maquininha" especializada para aprender uma língua. Essa "maquininha" funciona muito bem desde os primeiros dias da nossa vida. Já quando crianças, só de ouvir as pessoas falarem, nossa maquininha vai estudando a forma que essa língua tem e a gente vai aprendendo sozinho as regras que governam nossa língua. Rapidinho, a criança aprende a falar. Algumas já começam a falar com 9 meses de nascidas. Outras demoram um pouquinho mais. Mas, normalmente, com dois anos a criança já consegue se comunicar muito bem!

A teoria criada por Noam Chomsky ficou conhecida como Teoria Gerativa.

O mais interessante é que nossa mente guarda essas **regras de funcionamento** em nossa cabeça. A mente precisa delas funcionando quando falamos ou escrevemos, mas também quando ouvimos ou lemos. Elas funcionam automaticamente e em uma velocidade incrível! Por isso é que, quando ouvimos ou lemos um trecho de língua mal organizado, imediatamente estranhamos, achamos que não é nossa língua, não entendemos. É nossa "maquininha de linguagem" que está com dificuldade para reconhecer alguma coisa, seja um som, uma ordenação, a quebra de alguma regra com que ela está acostumada a operar.

Esse conjunto de regras de funcionamento da língua, que nossa mente aprende e registra para usar na comunicação cotidiana, foi chamado de "gramática internalizada".

Portanto, pense agora comigo: para entender melhor a língua que a gente fala, não seria mais adequado usar, nas análises, as regras que a própria língua usa para se organizar? Se é possível retirar da língua um padrão comum de funcionamento, esse padrão poderá oferecer essas regras e vai ser possível entender com mais facilidade o processo de análise, não acha? Sabe por quê? Porque é esse padrão que está gravado em nossa mente, é ele que usamos para construir as nossas falas e estamos acostumados com ele, embora não fiquemos pensando nele o tempo todo. É por esse caminho que quero fazer a jornada deste livro: pelo caminho das regras que já se conhece, mesmo que a gente não saiba que conhece. Vamos começar a ver como nossa língua se organiza, então, para poder analisar cada pedaço segundo os próprios padrões gerais da língua.

AS LISTAS E AS COMBINAÇÕES

Há muitos anos, enquanto pensava na forma como sua língua era organizada, o linguista André Martinet percebeu que ela era algo tão complexo que seria mais fácil estudá-la se ele conseguisse dividir toda essa complexidade em partes, organizando essas partes de acordo com suas características. Mais tarde, ele percebeu que isso se aplicava às outras línguas do mundo também.

Ele percebeu que, logo no princípio, podemos dividir uma língua em, pelo menos, duas partes. A primeira parte, podemos chamar de "**listas**". Uma língua possui muitas listas de pedacinhos de palavras e de palavras que funcionam como as peças de um quebra-cabeças. Então, temos uma lista de nomes, uma lista de adjetivos, uma lisa de verbos, por exemplo. Se quisermos quebrar as palavras em pedacinhos, temos uma lista de radicais, outra de desinências, outra de afixos etc.

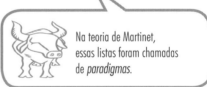

Na teoria de Martinet, essas listas foram chamadas de *paradigmas*.

Martinet acreditava (e os estudiosos hoje ainda acreditam) que essas listas podem ser separadas e compreendidas justamente porque cada uma delas apresenta características próprias e porque essas partes se distinguem se opondo umas às outras. Vamos ver uns exemplos, começando por pedacinhos de palavras. Vamos tomar a lista de desinências do português brasileiro.

Desinências são pequenos pedacinhos de palavras usados na língua, quase sempre ao final da palavra, para indicar ideias como masculino e feminino, plural, tempo (passado, presente e futuro, nos verbos), pessoa (quem fala, com quem se fala, de quem se fala) etc. Em nossa língua, há poucas desinências nominais e um pouco mais de desinências verbais. Vamos pegar como exemplo as desinências –*a* (de feminino) e –*s* (de plural). Observe os exemplos a seguir, primeiro sem e depois com essas desinências:

gat-o	menin-o
gat-**a**	menin-**a**
gat-o-s	menin-o-s
gat-**a**-s	menin-**a**-s

O que aconteceu com as palavras "gato" e "menino" quando usei as desinências? Quando usei a desinência –a, a palavra passou para o *feminino*, mas continuou sendo um nome (substantivo). Quando usei a desinência –s, a palavra passou a ser *plural*, indicando o sentido de "mais de uma unidade", mas ainda continuou um nome. Também, posso observar que as duas desinências tiveram que ser colocadas no final das palavras, e sempre a desinência –a vem antes da –s (desinência de gênero antes da desinência de número). Eu poderia colocar as desinências no começo das palavras ("agat", "amenin")? Não! Eu poderia colocar a desinência de plural antes da desinência de gênero ("gatsa", "meninsa")? Não! As desinências mudaram as palavras de classe (por exemplo, se o nome virou adjetivo ou verbo)? Não!

Esses exemplos simples ensinam muitas coisas sobre a lista das desinências usadas em nomes:
1. são usadas no final das palavras;
2. têm uma ordenação entre elas;
3. não mudam as palavras de classe.

Agora, vamos ver outra lista de pedacinhos de palavras: os afixos. Observe essas palavras abaixo, primeiramente sem afixos e depois com afixos:

conceito (nome)	dormir (verbo)
pre-conceito (nome)	dormi-nhoco (adjetivo)
conceitu-al (adjetivo)	dorm-ente (adjetivo)
conceitu-al-mente (advérbio)	dormi-nhoca-mente (advérbio)

O que observamos sobre os afixos usados anteriormente?

1. diferentemente das desinências, eles podem ser colocados no início das palavras;
2. eles podem mudar as palavras de classe (o que era nome virou adjetivo, depois advérbio);
3. as ideias que eles trazem são de um tipo diferente das ideias "fixas" das desinências. Veja as ideias aproximadas dos afixos anteriores, como aparecem nessas palavras:
    - pre (preconceito) – aquilo que se cria antes (antes do conceito);
    - al (conceitual) – propriedade daquele que se baseia em algo ou que cria algo (que se baseia em um conceito ou que cria um conceito);

- mente (conceitual<u>mente</u>/dorminhoca<u>mente</u>) – de um certo modo, uma certa forma de ver ou fazer;
- nhoco (dorminhoco) – aquele que faz muito determinada coisa (nesse caso, dormir);
- ente (dorm<u>ente</u>) – aquele/aquilo que está assim (que está dormindo, ou como se estivesse dormindo).

E veja que essas são ideias aproximadas desses afixos nessas palavras, pois, em outras palavras, esses mesmos afixos podem apresentar um sentido diferente. Há tantas coisas que são expressas por afixos e de forma tão variada, que existem listas e mais listas de afixos para se consultar nas gramáticas. Inclusive, é por essa necessidade de expressar uma enorme diversidade de sentidos que existem muito mais afixos do que desinências no português. As desinências, com uma função mais aplicada à organização gramatical da língua, dão conta do recado com um pequeno número de formas e de sentidos (gênero, número, pessoa, modo verbal e tempo).

Com base nesses exemplos, podemos ver que a lista das desinências tem um funcionamento diferente da lista dos afixos. E fazem coisas diferentes na língua. Quando uso desinências, digo que estou fazendo uma "flexão" na palavra; quando uso um afixo, estou fazendo "derivação".

A mesma coisa acontece com as listas das palavras. Cada lista de palavras possui características diferentes. Nomes, adjetivos, verbos, advérbios, conectivos: cada conjunto de palavras apresenta um funcionamento diferente, obedecendo a regras diferentes que precisamos conhecer se queremos entender a organização sintática da língua. Isso nós veremos com calma no próximo subtítulo.

Outra divisão em que Martinet pensou pode ser chamada de **nível das "combinações"** da língua. Ou seja, quando as palavras já formadas começam a se combinar para formar os trechos que falamos e escrevemos.

Essas combinações também são regidas por regras bem definidas. São as regras sintáticas. As regras sintáticas são definidas em relação a cada classe de palavras da língua. Em outros termos: nomes seguem um conjunto de regras, verbos seguem outro conjunto de regras, adjetivos outro conjunto, assim por diante. Por isso, para entender a sintaxe da língua, precisamos conhecer cada tipo de palavras que a língua tem e suas propriedades, pois esse é um caminho "natural" para compreender como essas palavras funcionam quando falamos ou escrevemos. Então, vamos lá!

> O nível das combinações é chamado por Martinet eixo sintagmático.

Formando e diferenciando as palavras do português

Como vimos no subtítulo anterior, as palavras do português têm características diferentes. Veja: em algumas, você pode colocar desinências e fazer flexão, mas, em outras, não pode (por exemplo: nomes e verbos têm flexão, advérbios e conectivos não têm flexão); algumas palavras podem ser ligadas entre si, outras não se ligam (nomes e adjetivos se ligam, nomes e advérbios não se ligam, por exemplo), e assim por diante.

O mais interessante disso é que uma mesma palavra pode aparecer em um trecho como sendo de uma classe e em outro como sendo de outra. Isso depende do sentido que ela tem. Vamos ver um exemplo conhecido. Olhe os trechos a seguir:

☑ João tem uma bela <u>casa</u>.
☑ João se <u>casa</u> hoje.

No primeiro, a palavra "casa" é o nome de uma coisa (uma construção de um tipo em que se pode morar). Os nomes das coisas ficam na classe chamada simplesmente de "nomes". Já no segundo, a mesma palavra expressa uma coisa que João vai fazer, uma ação. Nesse caso, ela funciona como um "verbo". Essa mudança de sentido, porém, tem consequências na gramática, nas regras de uso dessas palavras, porque muda essa palavra de uma classe para outra. Observe quantas coisas interessantes acontecem:

- quando a palavra "casa" é um nome, ela tem o gênero feminino (*a casa*, *uma casa*, *bela casa*). Quando é um verbo, ela não tem gênero, nem masculino nem feminino;
- por outro lado, quando a palavra "casa" é um verbo, ela pode ser flexionada para o passado, presente ou futuro, isto é, ela pode ser flexionada em tempo (*casou*, *casa*, *casará*) e, quando ela é um nome, isso não é possível;
- quando a palavra "casa" é um nome, ela pode se ligar a um adjetivo, a um artigo, a um pronome possessivo, a um numeral (*bela casa*, *a casa*, *minha casa*, *décima casa*), mas, quando ela é um verbo, não pode;
- por outro lado, quando a palavra "casa" é um verbo, ela pode se ligar a um advérbio (*casa hoje*, *casa aqui*, *casa rápido*, *casa ilegalmente*) e, se ela estiver funcionando como nome, não pode.

O que essas características nos mostram? Que *cada classe de palavras tem suas próprias características e que são essas características atribuídas a essas palavras que definem as regras das combinações que podem ser feitas entre elas na língua.* Em outras palavras e com mais detalhes:

- a língua criou e atribuiu a cada classe de palavras um conjunto de características;
- essas características definem como as palavras funcionam, o que se pode e o que não se pode fazer com elas. São como as regras de um jogo: "isso pode e isso não pode";
- são essas regras que nos permitem fazer o "jogo" da língua, usando as palavras para criar tudo o que falamos e escrevemos. Essas regras atribuídas às palavras dizem o que pode e o que não pode ser combinado, de que forma e quando;
- inclusive, há, como nos jogos, regras mais importantes e regras menos importantes, regras que podem ser quebradas de vez em quando e regras que nunca podem ser quebradas. E isso, de certa forma, também faz parte das regras;
- a junção de todas as regras de todas as classes de palavras cria uma grande variedade de combinações possíveis. Isso permite à língua criar todas as estruturas de que ela precisa para que a gente possa dizer tudo o que precisa expressar de forma adequada;
- cada língua atribui às suas palavras características distintas. Por isso as regras são diferentes de uma língua para outra. Assim é que línguas diferentes têm gramáticas diferentes, embora possa haver algumas coisas parecidas – ou até iguais – entre as gramáticas dessas línguas.

Assim sendo, precisamos, agora, conhecer as características de **cada classe de palavras** de nossa língua, pois são essas características que definirão toda a estrutura sintática da língua. Só aprendendo isso é que poderemos entender o que vem logo aí adiante. Mas, antes, uma advertência.

Como vimos na nossa conversa inicial, pode haver diferentes pontos de vista que sustentam uma análise linguística e, por isso, cada análise pressupõe uma escolha de critérios. Na gramática tradicional que a gente está acostumado a estudar na escola, é defendida a ideia de que o português brasileiro apresenta dez classes de palavras (substantivos,

Diante do que vimos aqui, professor, fica claro que tentar ensinar análise sintática a um aluno que não conhece as classes de palavras e suas características é perda de tempo. Insisto nisso, pois, longe de ser uma questão secundária, este é um ponto essencial para seu sucesso no ensino da Sintaxe na educação básica.

adjetivos, numerais, artigos, pronomes, verbos, advérbios, conjunções, preposições e interjeições). O ponto de vista que é adotado neste livro, porém, não dá sustentação para uma análise como essa.

Na verdade, tomando como base os padrões gramaticais de funcionamento das palavras, como faço aqui (e seus sentidos, o que elas representam ou fatores outros externos à língua), defendo que existem apenas cinco grandes classes de palavras no português brasileiro e que algumas destas cinco grandes classes apresentam subclasses. Essa não é uma análise tradicional, mas a linha funcional que a sustenta é bastante interessante, pois corresponde de forma muito mais natural ao que os falantes sabem naturalmente sobre como sua língua funciona.[*] Então, pode ser que você não esteja acostumado à divisão que aqui será proposta e, portanto, agora é hora de muita atenção!

Vou apresentar aqui, primeiramente, uma tabela geral que permitirá visualizar as classes e subclasses que nossa análise contempla. Depois, outras tabelas com os detalhes, com as características das classes de palavras de nossa língua. Observe:

Classes	Subclasses
Nominais que funcionam como base	• nomes • alguns pronomes
Nominais que funcionam como adjetivos	• adjetivos • alguns pronomes • nominais que funcionam como quantificadores • artigos
Verbos	-
Advérbios	-
Conectivos	-

Agora que já temos uma visão geral das classes e subclasses de palavras da língua, vamos passar às características de cada uma delas. Nos quadros que se seguirão, observe:

- Nas três primeiras colunas, são listadas as classes e subclasses de palavras.
- Na quarta coluna, aparecem as características básicas de cada classe.

---

[*] Uma descrição pormenorizada das razões que sustentam a divisão de classes aqui proposta é apresentada em Iara M. Teles e C. Ferrarezi Jr. (2008), *Gramática do brasileiro: uma nova forma de entender a nossa língua*, São Paulo, Globo.

A organização da língua **55**

- Na quinta coluna, você verá com quais palavras é possível combinar cada classe.
- Após cada quadro, haverá comentários a respeito das características de cada classe.

Classes e subclasses			Características	Combinam com
Classes nominais	Nominais que funcionam como base	Nomes	• Todo nome é marcado em 3ª pessoa [A <u>casa é</u> bonita] • Podem ser masculinos ou femininos (marca de gênero) [gato/gata] • Podem ser singulares ou plurais (marca de número) [gatos/gatas] • Funcionam como a base da combinação com outros nomes e com o verbo [<u>O gato preto bebeu</u> o leite]	• Nominais que funcionam como adjetivos • Verbos • Nomes protegidos por conectivo
		Alguns pronomes como eu, tu, ele, a gente etc., funcionando como bases de concordância	• São marcados em pessoa conforme cada caso (1ª, 2ª ou 3ª) [eu/tu/ele] • Podem ter marca de gênero [ele/ela] • Podem estar no singular ou no plural [eles/elas] • Também atuam como base da combinação com certos nomes e com o verbo [<u>Eu mesmo quebrei</u> o pote]	• Verbos • Em casos raros, com adjetivos - Ex.: <u>*Ela mesma* fez isso.</u>
	Nominais que funcionam como adjetivos (combinados com um nome ou pronome base)	Adjetivos	• São marcados em masculino ou feminino [bonito/bonita] • São marcados em singular ou plural [bonito/bonitos] • Repetem as marcas de gênero e número dos nomes com os quais estão combinados [menino bonito/meninas bonitas]	• Nomes • Advérbios
		Alguns pronomes como este, esse, aquele, meu, teu, seu etc. quando estão ligados a nomes	• São marcados em masculino e feminino [este/esta] • São marcados em singular e plural [este/estes] • São de 1ª, 2ª ou 3ª pessoa [meu/teu/seu] • Repetem as marcas de gênero, número e pessoa dos nomes ou dos pronomes (base) com os quais estão combinados [aquele homem/estas mulheres/meu chapéu/nossos chapéus]	• Nomes • Em casos raros, com pronome (base) - Ex.: <u>*Teu eu* está ferido,</u> *Maria.*
		Palavras nominais que funcionem como quantificadores	• Podem ser marcados em masculino e feminino [dois/duas] • Podem ser marcados em singular e plural [décimo/décimos] • Repetem as marcas de gênero e número dos nomes com os quais estão combinados [duas pessoas/décimo colocado]	• Nomes • Em casos raros, com pronome (base) - Ex.: <u>*Dois eus e um tu.*</u>
		Artigos	• São marcados em masculino e feminino [o/a] • São marcados em singular e plural [o/os] • Repetem as marcas de gênero e número dos nomes com os quais estão combinados [o homem/as mulheres]	• Nomes • Em casos raros, com pronomes (base) - Ex.: *O eu e o tu unidos.* • Com qualquer outra palavra que se combine, a transforma em um nome [o vender/o um/o hoje]

Comentários sobre o quadro:

- as classes nominais foram pensadas pela língua para funcionar como base da organização sintática. Então, podemos ver que os nominais que funcionam como base (nomes e pronomes) têm marcas de três tipos: gênero, número e pessoa. Por que isso? Porque esses nominais fazem dois tipos de combinações diferentes com dois tipos de palavras diferentes. Veja que bonita essa organização da língua!

    a. nominais de base combinam com nominais adjetivos em gênero e número;
    b. nominais de base combinam com verbos em número e pessoa.

- Com esse tipo de combinações diferentes, a língua cria estruturas sintáticas diferentes. Justamente por fazer combinações diferentes, com o nome, daquelas feitas pelos nominais adjetivos, por exemplo, é que os verbos não precisam de marca de gênero. A nossa gramática internalizada reconhece isso facilmente. Ela analisa e vê, logo de cara, se é uma combinação do tipo nome-adjetivo ou do tipo nome-verbo. Isso nos permite (entre outras regras, é claro) entender as coisas que os outros falam e escrevem diferenciando cada tipo de estrutura.
- Os nomes (e pronomes bases) são palavras muito exigentes! Qualquer palavra que se relacionar com elas tem que combinar com suas marcas. Se essa palavra que se junta ao nome for, por exemplo, um nome que funciona como adjetivo, vai combinar em gênero e número; se for um verbo, vai combinar em número e pessoa. Por isso é que os advérbios não se relacionam aos nomes: eles não têm como combinar, pois não têm essas marcas!
- Alguns nominais quantificadores (são classificados tradicionalmente nas gramáticas normativas como *numerais*) funcionam, normalmente, como nomes (por exemplo: Um quinto da melancia/O primeiro já acabou a prova).
- É normal se ler, em gramáticas e em livros didáticos, a definição que diz que "o pronome é a palavra que substitui o nome". Não é assim que funciona. Veja:

a. Pronomes que funcionam como nominais adjetivos não substituem nada. Eles funcionam combinados aos nomes de base (exemplos: Meu joelho/Este caderno/Tua casa).

b. Pronomes que funcionam como nominais de base não substituem o nome, mas toda estrutura nominal ligada a um nome de base (exemplos: Meu gato preto foi atropelado/Ele foi atropelado/Os filhos da dona Maria e do Seu João ganharam na loteria/Eles ganharam na loteria).

- Perceba como todas as subclasses de nominais que funcionam como adjetivos têm características muito parecidas. Apenas os pronomes que funcionam como adjetivos são um pouco diferentes. E, entre eles, os mais complicados são os chamados pronomes possessivos. Esses resolveram combinar não apenas com uma base, mas com duas! Veja só que coisa interessante: pronomes possessivos funcionando como nominais adjetivos vão combinar em gênero e número com a "coisa possuída" e em número e pessoa com o "possuidor". Veja os exemplos:

a. Eu e meu carro vermelho.

[nº/pes.]   [gên./nº]
possuidor   coisa possuída

b. Tu e tua casa vermelha.

[nº/pes.]   [gên./nº]
possuidor   coisa possuída

c. Ele e suas casas vermelhas.

[nº/pes.]   [gên./nº]
possuidor   coisa possuída

Esse pronome possessivo é mesmo uma figura incrível na língua! É a única palavra de nossa língua que combina com duas bases ao mesmo tempo!

Agora que vimos o quadro das palavras das classes nominais, passemos ao quadro da classe verbal. Como se vê no quadro a seguir, em nossa língua, temos apenas uma classe de verbos, o que é mais do que suficiente:

Classes e subclasses		Características	Combinam com
Classe verbal	Verbos	• São marcados em singular ou plural (marca de número) e de pessoa (1ª, 2ª ou 3ª [comi/comeste/comeu/comemos/comestes/comeram] • São marcados em passado, presente e futuro (marca de tempo) e indicam o modo como a ação é apresentada (marca de modo) [eu comi/eu como/eu comerei/se eu comer/coma!] • Quando estão ligados a um nome ou pronome que funcionem como a base do verbo, combinam com ele em número e pessoa [eu comi/nós comemos/a gente comeu] • Quando estão sozinhos, são sempre de 3ª pessoa [há muita gente aqui] • Quando estão servindo de base para um nome ou pronome, não combinam com ele	• Nomes • Pronomes (base) • Advérbios

Comentários sobre o quadro:

- Como podemos ver, os verbos podem estar ligados aos nomes (ou pronomes bases) de duas formas:

    a. Quando o nome corre na frase como base do verbo, o verbo é obrigado a combinar com o nome. Exemplos:

    ☑ *Maria* <u>morreu</u>.
    ☑ *Nós* <u>corremos</u> *muito*.
    ☑ *Eles* <u>sumiram</u>.

    b. Quando o verbo é a base do nome, nesse caso, o verbo não combina com o nome. Aliás, o verbo nunca funciona como base de concordância. Apenas o nome e o pronome (base) fazem isso. Exemplos:

    ☑ Maria *comeu* <u>os doces</u>.
    ☑ Nós *achamos* <u>o endereço</u>.
    ☑ Eles *sabem* <u>a lição</u>.

Repare bem a diferença entre os exemplos do tipo "a" e os do tipo "b", acima: nos do tipo "a", é o nome que manda na relação com o verbo. Ele é que comanda e pede a combinação:

☑ Maria o quê? Morreu.
☑ Nós o quê? Corremos.
☑ Eles o quê? Sumiram.

Nos exemplos do tipo "b", o nome só entra na estrutura por causa do verbo. É o verbo que manda, ele que exige um nome para completar a estrutura:

☑ Comeu o quê? Os bolos.
☑ Achamos o quê? O endereço.
☑ Sabem o quê? A lição.

Finalmente sobre os verbos, é preciso tomar cuidado com as locuções. Uma locução é a combinação de duas (ou, raramente, três) palavras que funcionam como se fossem uma palavra só. Hoje, no atual estágio de evolução da nossa língua, alguns tempos verbais como o presente do indicativo e o futuro do indicativo estão sendo substituídos por locuções. Assim é que, para falar de algo que está acontecendo agora, quase não se usa mais o presente do indicativo. Veja os exemplos:

☑ "João está comendo agora." é diferente de "João come agora."
☑ "Ela está tomando banho." é diferente de "Ela toma banho."
☑ "Não posso sair porque estou estudando." é diferente de "Não posso sair porque estudo."

Nos três pares de exemplos, vemos que a ideia de uma coisa que está acontecendo agora é passada usando-se locuções (está comendo/está tomando/estou estudando) que formam nosso tempo "presente" com sentido de "agora", "neste exato momento".

Da mesma forma, o tradicional "futuro do presente" está caindo em desuso na fala do dia a dia. Veja:

☑ "João vai sair de noite." é mais comum que "João sairá de noite."
☑ "Ela vai comer bolo na festa." é mais comum que "Ela comerá bolo na festa."
☑ "Nós vamos concluir a tarefa hoje." é mais comum que "Nós concluiremos a tarefa hoje."

Nesses exemplos, mais uma vez, a locução aparece no lugar do verbo simples. Atenção a isso! Nesses casos, as duas palavras funcionam como uma palavra só.

Passemos, então, ao quadro dos advérbios:

Classes e subclasses		Características	Combinam com
Classe adverbial	Advérbios	• Não são marcados nem em gênero, nem em número nem em pessoa [aqui/não/geralmente] • Ligam-se às palavras sem qualquer tipo de flexão [não gostei/não gostamos]	• Verbos • Nominais que funcionem como adjetivos • Advérbios

Comentários sobre o quadro:

- Nós já vimos que toda palavra que se liga a um nome que esteja funcionando como base tem que combinar em gênero, número (e, às vezes, em pessoa) com ele. Mas os advérbios não têm essas marcas e, portanto, não podem se flexionar, ou seja, não podem realizar o tipo de combinação que os nomes base exigem. Então, eles poderão se combinar apenas com palavras que não exijam mudanças nas outras que com elas se liguem. É exatamente o caso do verbo (ele combina com o nome, mas não exige combinação das outras palavras), dos nominais adjetivos (eles combinam com o nome, mas não exigem combinação) e do próprio advérbio (que nem combina nem exige).

Isto posto, passemos ao quadro dos conectivos:

Classes e subclasses		Características	Combinam com
Classe conectiva	Conectivos (preposições ou conjunções)	• Não são marcados nem em gênero, nem em número, nem em pessoa. • Ligam palavras ou partes a outras palavras ou partes da construção sintática — por isso são chamados "conectivos".	• Ligam nomes, nomes que funcionam como adjetivos, verbos e advérbios a outras palavras. • Indicam relações específicas entre as partes da estrutura.

Comentários sobre o quadro:

- Os conectivos exercem funções muito importantes na língua. A primeira delas é a de ligar algumas partes da estrutura que não possam se unir diretamente e a segunda é de definir alguma ideia específica da relação entre as palavras. Às vezes, eles fazem as duas coisas ao mesmo tempo. Como assim? Veja os casos a seguir:

  a. Já sabemos que qualquer palavra que se liga a um nome tem que combinar com ele. Então, como fica se eu tiver que ligar dois nomes, um ao outro? Os dois vão querer que o outro é que combine, que o outro mude, que o outro se flexione. Vai dar "briga gramatical"! Aí é que entra o conectivo e "faz as pazes" entre as palavras, protegendo um nome do outro.

Por exemplo, digamos que eu queira ligar as palavras "João" e "carroças", para dizer que as carroças são do João. Não posso ligar as duas diretamente, pois são dois nomes e nem combinam direito, pois um é masculino e singular e outro é feminino e plural. Então, uso o conectivo "de". Ele indicará a relação de que "João possui as carroças" e ainda vai impedir que um nome interfira na flexão do outro. A solução fica assim: "As carroças do João.", em que o conectivo "de" exerce uma dupla função:

1. indica a relação de posse (uma função ligada ao sentido da estrutura);
2. impede que um nome interfira na flexão de outro nome (uma função ligada à gramática da estrutura).

b. Em outras estruturas, um nome (ou uma parte) não interfere no outro. Veja:

☑ Gosto <u>de</u> chocolate e <u>de</u> uva.
☑ Ele caiu, <u>mas</u> levantou ligeiro.

Observe que nas relações entre as palavras "gosto" (verbo), "chocolate" (nome) e "uva" (nome) não há qualquer interferência entre uma e outra, já que uma não exige qualquer mudança de flexão da outra. O conectivo "de" apenas indica uma relação de sentido específica. Da mesma forma, o conectivo "e" relaciona as palavras "chocolate" (nome) e "uva" (nome).

Ainda, no segundo exemplo, o conectivo "mas" relaciona a primeira parte "ele caiu" com a segunda "levantou ligeiro", dando uma ideia de "algo inesperado", "algo que surpreendeu". Nesse caso, não havia qualquer perigo de uma parte interferir gramaticalmente na outra; apenas era necessário expressar a ideia de que há um tipo específico de relação entre essas partes.

Nesses casos acima, a ação dos conectivos "de", "e" e "mas" não apresenta a função sintática (gramatical) de proteger as palavras, mas apenas a função de ligar com um sentido especial.

Finalmente, temos algumas palavras (ou partes) na língua que não exercem qualquer função gramatical e, por isso, não se ligam a qualquer palavra. São as "palavras" tradicionalmente chamadas de interjeições (que podem, também, ser chamadas de "expleções") e que podem entrar praticamente em qualquer posição em nossa fala. Normalmente, elas indicam a expressão de sentimentos súbitos, repentinos. Algumas delas, inclusive, nem parecem palavras: parecem gritos ou gemidos ou suspiros. Outras, como, por exemplo, um palavrão dito na hora em que chutamos o pé do sofá, aparecem "soltas", sem qualquer ligação com a estrutura gramatical. Por isso mesmo, elas nem são consideradas aqui como "palavras de verdade", palavras que exercem uma função na frase, mas apenas como uma forma de comunicação específica que não é exatamente "linguística", embora faça parte de nossa linguagem, como o fazem os gestos com as mãos, os olhares ou um biquinho pedindo um beijo.

Classes e subclasses		Características	Combinam com
Outras palavras sem função gramatical	Interjeições	Não possuem qualquer marca ou regra de combinação, pois não tomam parte da construção sintática.	• Não se ligam a palavra alguma.

Muito bem. Lembre com carinho desses quadros sobre as características das palavras, pois voltaremos a eles muitas vezes ao longo da nossa jornada.

Exercício 1: Como vimos até aqui, a classe de uma palavra tem enorme importância na estruturação sintática da língua, uma vez que cada classe define um comportamento gramatical diferente. Vamos aproveitar para fazer algumas listas com base em um texto? Lembre-se que uma mesma palavra pode aparecer exercendo uma função em uma hora e sendo outra coisa em outra hora. Por isso, preste bastante atenção!

É um pequeno exercício, para funcionar como uma revisão dos conhecimentos sobre as palavras, conhecimentos esses que são requisitos para continuar. Ele deve ser feito da seguinte maneira:

a. Leia o texto e procure compreender seu conteúdo e verificar o sentido que cada palavra nele apresenta.

b. Em seguida, comece a separar todas as palavras do texto em listas, colocando-as adequadamente no quadro que segue abaixo:

Classes das palavras	Palavras
Nominais que funcionam como base (nomes e pronomes)	
Nominais que estão ligados a um nome (adjetivos, artigos, numerais, pronomes demonstrativos e possessivos)	
Verbos	
Advérbios	
Conectivos (conjunções e preposições)	
Interjeições	

Aqui está o texto:

"Minha mãe sempre dizia que 'quem casa quer casa'. Uau! Esse é um ditado velho demais! Mas ela repetia o tempo todo para a família. Eu acho que é porque ela queria que os filhos casassem direitinho... Dizer que a pessoa 'quer casa' não significa apenas que ela tem que ter uma casa, mas que tem que se preparar antes de casar. Nenhuma mãe, eu acredito, quer que os filhos casem (ou se ajuntem) de qualquer maneira. Mas, a verdade é que, hoje, a coisa não está tão fácil. Dizem que casamento está na moda, mas o divórcio também está. As estatísticas do governo mostram que tem mais gente se separando do que gente que casa. Isso, embora todo mundo queira sua casa... Afff!"

As combinações de palavras

Vimos, até aqui, que as características de cada tipo de palavra é que permitem que elas se combinem de diferentes formas, desde as combinações mais simples até as combinações mais complexas. Assim, podemos ter vários níveis de combinações possíveis.

Uma palavra sozinha pode funcionar como se fosse uma parte mínima da língua ou pode ser acompanhada de outras palavras e, mesmo assim, funcionar como uma parte mínima. Veja os exemplos a seguir:

64 Sintaxe para a educação básica

☑ João quebrou seu carro.

☑ O menino quebrou seu carrinho.

☑ O menino descuidado quebrou seu carrinho.

☑ O menino descuidado da casa vizinha quebrou seu carrinho.

Nos quatro exemplos, temos partes que se ligam ao verbo "quebrou". No primeiro exemplo, essa parte mínima é construída com apenas uma palavra (*João*), no segundo, com duas palavras (*o, menino*), no terceiro, a parte é formada por três palavras (*o, menino, descuidado*) e, no quarto, por sete palavras (*o, menino, descuidado, de + a* (= *da*), *casa, vizinha*).

Em todos os exemplos, porém, esse conjunto de palavras forma uma parte única, **uma parte mínima** que se liga ao verbo.

> As partes mínimas da estrutura sintática são chamadas de sintagmas. Os sintagmas funcionam unidos em um "bloco", como se fossem uma palavra única. Por isso dizemos que *os sintagmas têm a mesma natureza funcional que as palavras.*

Observe que as outras partes desses exemplos também formam partes mínimas. Assim o verbo é uma parte mínima e "*seu carro*"/"*seu carrinho*" também.

E como é que eu posso provar que essas palavras estão todas unidas em um bloco único? Como é que eu posso verificar isso? Usando um "teste de substituição". Já que essas partes funcionam em bloco como se fossem uma unidade só, como se fossem palavras, na quase totalidade dos casos conseguimos provar essa unidade fazendo a substituição dessas partes por palavras simples. Tudo o que desaparecer do trecho ao substituirmos a parte por uma palavra simples pode ser considerado integrante da parte mínima.

Podemos usar pronomes que funcionam como base para substituir as partes mínimas que funcionam como se fossem palavras nominais, por exemplo. Veja como funciona, usando os mesmos trechos citados:

☑ João quebrou seu carro.
Ele quebrou seu carro.

☑ João quebrou seu carro.
João quebrou isso.

A organização da língua **65**

☑ O menino quebrou seu carrinho.
Ele quebrou seu carrinho.

☑ O menino descuidado quebrou seu carrinho.
Ele quebrou seu carrinho.

☑ O menino descuidado da casa vizinha quebrou seu carrinho.
Ele quebrou seu carrinho.

☑ O menino descuidado da casa vizinha quebrou seu carrinho.
O menino descuidado da casa vizinha quebrou isso.

Veja como esse teste simples de substituição por pronomes mostra até onde vai cada parte mínima. Não é possível substituir apenas o nome "menino" por "ele" nesses exemplos. Não pode ficar "*O ele descuidado*" ou "*O ele da casa vizinha*". A parte mínima "cai" inteira quando a substituição é feita. O mesmo se dá com relação a "*seu carro*"/"*seu carrinho*".

Esses testes de substituição podem ser feitos com todas as partes mínimas. Para verbos, pode-se usar "fazer" ou "ser", por exemplo, como verbos "gerais". Se bem que o verbo quase sempre aparece sozinho ou na forma de uma locução, e funciona como uma parte mínima. Para palavras adverbiais, podemos usar advérbios como "assim", "agora", "não" etc. de acordo com o sentido expresso pela parte, e assim por diante. Ou seja: se estamos em dúvida sobre quando inicia e quando termina uma parte mínima, podemos tentar substituir a parte por uma palavra única, mesmo que o sentido seja apenas aproximado, para ver o que cai e o que não cai do trecho analisado.

Exercício 2: Fazendo o teste da substituição, procure dividir os trechos a seguir em partes mínimas. Veja o exemplo:

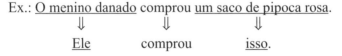

Ex.: O menino danado comprou um saco de pipoca rosa.
⇓ ⇓ ⇓
Ele   comprou   isso.

Partes mínimas: o menino danado/ comprou/ um saco de pipoca rosa.

Comentário: Veja que não precisei substituir o verbo, pois ele já estava funcionando sozinho, como uma palavra simples. Logo, ele já constituía uma parte mínima.

a. As canetas vermelhas estão proibidas na prova de hoje.
b. Ninguém vai falar mentiras no depoimento.
c. Aquele homem não cumpriu sua promessa religiosa.
d. Os ratos brancos são criados como bichos de estimação.
e. Hoje, todo mundo tem telefone celular.
f. O barraco da minha tia é de bambu e barro.
g. Aquele passarinho verde fez muito barulho hoje de manhã na janela da minha casa.

Agora, quero retomar o trecho abaixo para mostrar uma coisa a mais:

☑ O menino descuidado da casa vizinha quebrou seu carrinho.

Nele, podemos ver que existe outra possibilidade de substituição. Veja:

☑ O menino descuidado da casa vizinha quebrou seu carrinho.
Ele quebrou seu carrinho.
O menino levado dali quebrou seu carrinho.

Na primeira substituição, cai toda a parte mínima: "*o menino descuidado da casa vizinha*". Na segunda, cai apenas uma parte dela: "*da casa vizinha*". Isso mostra que aquela complexa parte que nós chamamos de "mínima" para identificar uma unidade funcional, na verdade, pode ser dividida em partes menores ainda, ou seja, uma parte mínima pode conter, dentro dela, outras partes mínimas. É isso mesmo: partes dentro de partes.

Isso acontece porque quem define as possibilidades de combinação, como vimos anteriormente, não são as partes já construídas, mas as palavras. Ou seja: em qualquer parte em que existir um nome, uma outra parte pode se ligar a esse nome. Em qualquer parte em que houver um verbo, um adjetivo, um advérbio, uma outra parte pode aparecer ligada a essas palavras também. Assim, dentro de uma parte, uma vez que essa parte é formada por palavras, pode surgir uma outra (ou mais de uma, até) parte mínima.

Assim, temos estruturas como as que seguem. Observe como, nelas, existem partes dentro de partes (ou, utilizando a terminologia que já aprendemos, sintagmas dentro de sintagmas):

☑ A bicicleta da Maria não é bonita.
Ela   não é bonita.
A bicicleta   dela   não é bonita.

Logo, temos [a bicicleta [da Maria]]

☑ O homem da Bahia comprou uma jaqueta de couro.
      Ele   comprou   isso.
  O homem   dali comprouuma jaqueta   disso.

Logo, temos [o homem [da Bahia]] e [uma jaqueta [de couro]]

☑ Os elevadores do prédio são feitos de aço inox.
       Eles   são   assim.
  Os elevadores   dali   são feitos   disso.

Logo, temos [os elevadores [do prédio]] e [feitos [de aço inox]]

Exercício 3: Nos trechos a seguir, separe as partes mínimas e, depois, verifique se existem partes dentro de partes como no exemplo:

Ex. O boi do seu avô comeu todo o capim do pasto.
Partes mínimas: o boi do seu avô/ comeu/ todo o capim do pasto
Partes dentro de partes: o boi [do seu avô], todo o capim [do pasto]

a. A casa da minha mãe precisa de uma pintura.
b. Os livros da escola vão para a biblioteca do município.
c. Os alunos da 5ª série fizeram todas as tarefas do livro novo.
d. Os animais do Zoo estão sofrendo de doenças de poluição.
e. O celular de João é da marca dessa propaganda.
f. Acabamos hoje os doces da lata.

    Quando juntamos as partes mínimas, criamos estruturas mais complexas, de sentido mais complexo, às quais tenho chamado aqui de "trechos da língua". Essas estruturas mais completas, com um sentido mais definido, são chamadas de *frases*. Uma frase é, portanto, uma estrutura formada de partes mínimas (sintagmas), que se relacionam entre si por meio das palavras que as compõem.

    No português, temos frases de dois tipos:

- *Frases sem verbos* – são frases que, como o nome diz, não possuem um verbo em sua estrutura. Uma frase sem verbos pode ser chamada de *frase nominal*. Veja os exemplos:

    ☑ O lado esquerdo da rua.
    ☑ Cão bravo!
    ☑ A menina de bom coração.
    ☑ Proibida a entrada de estranhos neste recinto.

> Em alguns livros, a frase nominal é chamada de *rese*. Embora *rese* seja o nome técnico desse tipo de estrutura, ele é muito pouco usado e não há interesse em passá-lo aos alunos da educação básica. "Frase nominal" é de uso bem mais comum e intuitivo.

Essas frases nominais aparecem na língua mais como nomes de coisas, títulos de filmes e livros, respostas a perguntas ou como avisos ou informações. Mas seu uso isolado não é muito comum na comunicação. Na fala do dia a dia, quando elas aparecem, normalmente subentendem um verbo que está em outra frase. É muito mais comum usarmos frases com verbos. Elas constituem o segundo tipo:

- *Frases com verbos* – como o nome diz, são as frases cuja estrutura contempla um verbo. Uma frase com um verbo é chamada de **oração**. Veja os exemplos abaixo:

    ☑ João <u>come</u> doce de leite.
    ☑ Os trabalhadores <u>receberam</u> aumento salarial.
    ☑ O Brasil <u>vai sediar</u> a próxima Copa do Mundo.
    ☑ Choveu hoje.

> Esse nome (*oração*) é bem estranho, pois nos lembra *reza, prece, oração religiosa*. É comum os alunos estranharem esse uso no princípio. Mas é um nome tradicional. Podemos, também, chamá-las de *frases verbais*, mas isso não ajudará muito, pois todos os livros didáticos e gramáticas normativas trazem o termo *oração*. Então, nesse caso, convém explicar melhor a questão caso não se queira adotar o termo oração. Aqui, mantenho o uso desse termo.

As orações são as estruturas sintáticas mais comuns na língua. Não falamos por palavras soltas nem usando partes mínimas e, como disse, dificilmente aparecem frases nominais isoladas. Quando construímos nossas falas, normalmente utilizamos orações e, com elas, compomos trechos maiores, geralmente com várias frases.

Tecnicamente, o trecho da língua composto por uma ou mais frases, apresentando uma estrutura sintática completa e um sentido definido, é chamado de *período.* Temos períodos com uma frase só, que são chamados de *período simples* e períodos que apresentam mais de uma frase, chamados de *período composto.*

Assim, fazer análise sintática ou estudar o período simples significa que vamos analisar períodos que apresentam uma única frase. Vejamos alguns exemplos de períodos simples:

- ☑ Bonitinha, mas ordinária.
- ☑ A camisa amarela do seu pai.
- ☑ Aqueles meninos quebraram a janela da igreja.
- ☑ Todos vão saber isso no final do mês.

Os períodos compostos apresentam mais de uma frase e, normalmente, trata-se de frases verbais. É muito raro que um período composto seja formado por várias frases nominais, mas até podemos imaginar exemplos assim. No caso das frases verbais (as orações), sabemos que existem várias frases em um período se ele apresentar vários verbos, pois *cada verbo corresponde a uma oração.* Assim, se um período possui vários verbos, sei que ele possui várias orações; na verdade, tantas orações quantos sejam os verbos que aparecem no período. Veja alguns exemplos de período composto:

Com frases nominais:

- ☑ Bonitinha, mas ordinária,/ boa de cara,/ mas ruim de coração.
- ☑ A camisa amarela do seu pai/e a blusa verde de sua mãe.

Com orações *(os verbos aparecem sublinhados)*:

- ☑ Aqueles meninos <u>quebraram</u> a janela da igreja/ e <u>foram</u> castigados pelo pai. (2 verbos = 2 orações)
- ☑ Todos <u>vão saber</u> isso no final do mês,/ se <u>estudarem</u> a lição com carinho/ e <u>fizerem</u> todos os exercícios. (3 verbos = 3 orações)
- ☑ Sua mãe <u>disse</u>/ que os meninos <u>gostam</u>/ de <u>comer</u> doce de leite,/ mas <u>ficaram</u> com dor de barriga. (4 verbos = 4 orações)

Não existem limites para a quantidade de verbos (e, portanto, de orações) que um período pode apresentar. Porém, quanto mais orações, mais difícil vai ficando para entender o período. É por isso que os professores de Português sempre recomendam que as redações sejam escritas com períodos curtos, isto é, períodos com poucas orações. É que, em períodos curtos, é mais difícil a gente se confundir, perder o "fio da meada".

Finalmente, quando juntamos os períodos, temos os *textos* da língua, sejam eles falados (*textos orais*) ou escritos. É claro que, desde que formamos as primeiras partes mínimas, já começamos a construir os textos. Alguns teóricos dizem que, quando falamos "Cuidado!", isso já é um texto. De certa forma é, mas a maneira como estamos acostumados a entender um texto é como uma estrutura **mais complexa**, como algo mais amplo, com uma estrutura sintática e de sentido bem maior.

Então, podemos adotar o seguinte padrão de **níveis de ligação** (aqui apresenta-

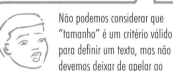

Não podemos considerar que "tamanho" é um critério válido para definir um texto, mas não devemos deixar de apelar ao senso comum, quando isso é possível (e aqui é!), para facilitar o aprendizado dos alunos. Depois, em estudos mais avançados no ensino superior, caso eles venham a se dedicar aos estudos textuais, poderão realinhar seus conceitos de dimensão e estrutura do texto. Problematizar demasiadamente a questão na educação básica seria o que popularmente se chama de "procurar chifre em cabeça de cavalo".

Podemos chamar esses níveis de ligação de *níveis de estruturação sintática* da língua.

dos com os nomes mais simples que tenho usado e com os nomes técnicos). Vamos ler as setas (▶) como "*que formam*" e as setas verticais (⇓) como "*cujo nome técnico é*":

Esquema dos níveis de combinação na língua:

Agora que já sabemos em que níveis as palavras da língua se organizam, precisamos entender como é que as palavras "grudam" umas nas outras, ou seja, quais são os recursos que a língua utiliza para fazer essas combinações. Para entender isso, vamos retornar várias vezes ao quadro com as características das palavras. Sem entender como a língua gruda as palavras, nem adianta passar adiante. Portanto, esta é uma hora de muita atenção e vai exigir alguns exercícios também. Vamos a isso, então.

OS RECURSOS QUE A LÍNGUA USA PARA COMBINAR AS PALAVRAS

Como vimos, a língua faz combinações diferentes com tipos diferentes de palavras. Para criar esses diferentes tipos de combinação possíveis, a língua dispõe de um conjunto de recursos bastante interessantes. Esses recursos são bem complexos e, às vezes, podem apresentar algumas exceções ou variações, mas, de uma forma geral, eles funcionam padronizadamente e podemos descrevê-los, mesmo que de forma simplificada, da seguinte maneira:

a. a língua faz com que algumas palavras sejam a base da estrutura e com que outras palavras se apoiem nelas nas combinações;
b. assim sendo, a língua determina que algumas palavras mandam na estrutura e outras devem obedecer a certas regras de combinação determinadas pelas características das palavras que mandam;
c. em alguns casos, a língua faz com que as palavras mudem de formato para mostrar que estão combinando umas com as outras;
d. quando não é possível grudar as palavras na forma de uma base e de outras palavras apoiadas, a língua usa os sentidos para relacionar as palavras entre si;
e. em alguns casos, a língua estabelece uma ordem em que as palavras devem aparecer, para que as pessoas possam entender o que se fala ou o que se escreve;
f. a língua também criou um conjunto de palavras especializadas em fazer ligações. Elas são muito utilizadas e apresentam diferentes funções e sentidos;
g. finalmente, quando necessário, a língua utiliza até a maneira como falamos, a entonação da nossa voz, para que possamos definir como as palavras estão ligadas.

Todos esses recursos juntos, apoiados nas características que a língua atribui às palavras, permitem os mais diferentes tipos de ligações, ou seja, de combinações entre palavras. Mas, cada um deles é tão especial e tão interessante que precisamos estudar um a um para compreender como funciona, de verdade, a sintaxe da nossa língua. E vamos ver tudo isso a partir de agora.

As palavras que abrem espaços e as que ocupam espaços abertos

Para começar nossa conversa sobre esse recurso, precisamos conhecer uma regra áurea da sintaxe do português: são as palavras que, baseadas em suas propriedades de classe (nomes, verbos, advérbios etc.), determinam as formas de organização das frases e, portanto, toda função sintática é obrigatoriamente adquirida em razão da ligação de uma parte (sintagma) ou oração a uma palavra. Por isso, nossa regra áurea é:

Toda e qualquer parte (sintagma) ou oração que apresente uma função sintática está ligada a uma palavra e tem sua função sintática definida por essa palavra.

Como isso se dá? É simples: existem **palavras na língua que têm a capacidade de abrir espaços na estrutura** para que outras palavras se encaixem nesses espaços. Essas palavras podem ser de quatro classes: os *nomes*, os nomes que funcionam como *adjetivos*, os *verbos* e os *advérbios*. Apenas essas quatro classes abrem espaços para outras palavras na estrutura das frases e, portanto, são elas que funcionam como bases em cada estrutura que dominam. Mais do que isso, são elas que definem como esses espaços poderão ser preenchidos. Vamos exemplificar para facilitar a compreensão.

> As palavras que abrem espaços na estrutura e que funcionam como bases recebem o nome de *núcleo*. O tipo do núcleo será definido pelo tipo de palavra que o forma. Assim, podemos ter: núcleo nominal, núcleo verbal, núcleo adjetivo e núcleo adverbial.

Vamos pensar em dois nomes. Por exemplo, "tigre" e "nuvens". Cada um deles, por serem nomes, pode funcionar como base (núcleo) e a gente pode imaginar que abram muitos espaços possíveis para que outras palavras se liguem a eles. Vamos ver algumas possibilidades, imaginando (só como comparação) que a sintaxe da língua é como um quadro em que as coisas se encaixam, um quadro que pode ser preenchido por outras peças. Primeiro, vamos imaginar que a palavra "tigre" é a base desse quadro, e que essa palavra abre vários espaços para outras combinações. Aqui, vou sugerir seis espaços, mas uma palavra pode abrir mais, ou seja, pode abrir quantos espaços forem necessários para uma pessoa falar o que desejar. Esses espaços estão ali, ao lado da palavra, abertos por ela. Mas não significa que eles serão sempre preenchidos. Podemos chamá-los, para facilitar a compreensão, de espaços possíveis ou, usando um termo mais moderno, de espaços virtuais. Nosso quadro ficaria assim:

Atenção, professor!
Como você deve estar percebendo, a partir deste parágrafo vamos começar a ver uma série muito grande de nomes técnicos. Esses nomes interessam a você, mas nem todos eles interessam a seus alunos da educação básica. Verifique até que ponto eles são mais prejudiciais do que produtivos na sala. Apresente apenas os mais intuitivos, se desejar.
É mais importante compreender como as coisas acontecem na língua do que decorar nomes estranhos.

Espaço que a palavra base abriu	Espaço que a palavra base abriu	Espaço que a palavra base abriu	Palavra base	Espaço que a palavra base abriu	Espaço que a palavra base abriu	Espaço que a palavra base abriu
?	?	?	*tigre*	?	?	?

Como será que esses **espaços** poderiam ser preenchidos? O que é interessante notar é que esses espaços não podem ser preenchidos de qualquer forma, por qualquer palavra. E eles não podem ser preenchidos por qualquer palavra nem de qualquer forma, porque quem abriu esses espaços foi o nome, então esse nome é que define as condições de preenchimento dos espaços.

Cada espaço aberto por um núcleo é chamado de "lacuna sintática". O conjunto de lacunas sintáticas que um núcleo abre na estrutura é denominado "diátese".

Os nomes sempre exigem que as palavras que se relacionam com eles combinem com as mesmas marcas deles. Então, podemos ver quais são as marcas da palavra tigre:

74 Sintaxe para a educação básica

Espaço que a palavra base abriu	Espaço que a palavra base abriu	Espaço que a palavra base abriu	Palavra base	Espaço que a palavra base abriu	Espaço que a palavra base abriu	Espaço que a palavra base abriu
?	?	?	*tigre*	?	?	?
?	?	?	3ª pessoa singular masculino	?	?	?

Se a palavra "tigre" tem essas marcas, isso significa que todas as palavras que preencherem esse quadro de espaços abertos por ela precisam repetir as mesmas marcas, pois quem manda nesses espaços é a base (núcleo), ou seja, a palavra "tigre". Então, nosso quadro fica assim:

Espaço que a palavra base abriu	Espaço que a palavra base abriu	Espaço que a palavra base abriu	Palavra base	Espaço que a palavra base abriu	Espaço que a palavra base abriu	Espaço que a palavra base abriu
?	?	?	tigre	?	?	?
3ª pessoa singular masculino	3ª pessoa singular masculino	3ª pessoa singular masculino	3ª pessoa singular masculino	3ª pessoa singular masculino	3ª pessoa singular masculino	3ª pessoa singular masculino

Agora, vamos lembrar daquelas características que aprendemos sobre cada classe de palavras, para ver como cada uma delas poderia preencher esse quadro, uma vez que cada palavra vai ter que obedecer as **condições** que a palavra base impõe:

- Se fosse uma palavra que funciona como adjetivo, teria que preencher o quadro combinando em gênero (masculino) e número (singular). Daria certo!

> As condições de preenchimento das lacunas, definidas por um núcleo, são chamadas de *restrições*. As condições que dizem respeio a questões gramaticais, como as que definem a necessidade de flexão, por exemplo, são chamadas de *restrições gramaticais*.

- Se fosse um verbo, teria que preencher o quadro combinando em número (singular) e pessoa (3ª pessoa). Também daria certo!
- Se fosse um advérbio, não teria como combinar, pois advérbios, como nós vimos, não podem mudar sua forma, eles não têm flexão. Por isso, advérbios não entram nos espaços abertos pelos nomes, ou seja, advérbios não combinam com nomes. Advérbios não dariam certo, então, e estão fora das possibilidades aqui.

A organização da língua 75

- Se fosse outro nome, ia dar "briga gramatical", pois o outro nome ia querer mandar nos espaços da palavra "*tigre*". Então, como vimos, outro nome somente poderia ocupar um espaço desses acompanhado de um conectivo, pois os conectivos evitam essas brigas, protegendo um nome da influência do outro. Um nome em um desses espaços só daria certo com um conectivo junto!
- Os conectivos não preenchem esses espaços, uma vez que sua função é de ligar e proteger os nomes uns dos outros. Assim sendo, nem precisamos pensar nessa possibilidade.
- Interjeições, como vimos, nem são palavras que exercem funções gramaticais. Como disse, elas não são nem palavras exatamente e, por isso, elas não assumem funções sintáticas e não entram nesse jogo, pois não se ligam: estão sempre "soltas" na estrutura. Também não precisamos pensar nessa possibilidade.

Tendo lembrado isso, podemos fazer algumas experiências de preenchimento de nosso quadro e verificar como tudo funciona, ou seja, como se joga o "jogo da sintaxe" exatamente conforme as regras do jogo:

Espaço que a palavra base abriu	Espaço que a palavra base abriu	Espaço que a palavra base abriu	Palavra base	Espaço que a palavra base abriu	Espaço que a palavra base abriu	Espaço que a palavra base abriu
		belo	tigre			
	meu	belo	tigre			
este	meu	belo	tigre			
este	meu	belo	tigre	feroz		
este	meu	belo	tigre	feroz	da Índia	
este	meu	belo	tigre	feroz	da Índia	rugiu
masc./sing.	masc./sing.	masc./sing.	masc./sing./3ª pessoa	masc./sing.	protegido por conectivo	3ª pessoa/sing.

Olhe que legal ficou o **quadro**! Ele mostra direitinho como as palavras que preencheram os espaços abertos pela palavra "tigre" tiveram que obedecer às condições da gramática que a palavra impôs. Lembre-se: a gramática de uma língua é o conjunto de regras que definem seu funcionamento.

Para ajudar os alunos a compreender as relações entre as palavras, o professor pode fazer vários quadros desses para eles preencherem.

Só que ainda tem mais. E o que vem agora é ainda mais legal! Não foi somente a um conjunto de condições da gramática

76 Sintaxe para a educação básica

que essas palavras obedeceram. Pense comigo: as palavras "*gasoso*" (masc./sing.), "*pedregoso*" (masc./sing.), "*músico*" (masc./sing.), "*marciano*" (masc./sing.), "*palestrou*" (3ª pess./sing.) e "*argumentou*" (3ª pess./sing.) também obedecem às mesmas condições que as palavras do quadro obedeceram. Mas, será que daria para usar essas palavras no mesmo quadro pensando em um tigre verdadeiro? Creio que não... Por quê?

> As condições de sentido que um núcleo impõe às lacunas que abre são chamadas de *restrições semânticas*. Para que a diátese do núcleo seja corretamente prenchida, então, deverão ser observadas, obrigatoriamente, as *restrições gramaticais* e as *restrições semânticas*.

A resposta é muito fácil! Um tigre de verdade não pode ser gasoso, nem pedregoso, nem músico, nem marciano. Da mesma forma, tigres de verdade não dão palestras nem argumentam. O que isso nos mostra? Mostra que, além das condições da gramática que uma palavra que funciona como base impõe nos espaços que ela abre, ela também impõe **condições de sentido**. Para que as combinações fiquem boas, portanto, as palavras que preenchem os espaços precisam *obedecer a condições da gramática* **e** *condições de sentido*.

Vamos ver como ficaria um quadro possível com a palavra "nuvens"?

Espaço que a palavra base abriu	Espaço que a palavra base abriu	Espaço que a palavra base abriu	Palavra base	Espaço que a palavra base abriu	Espaço que a palavra base abriu	Espaço que a palavra base abriu
		maravilhosas	nuvens			
	as	maravilhosas	nuvens			
todas	as	maravilhosas	nuvens			
todas	as	maravilhosas	nuvens	azuis		
todas	as	maravilhosas	nuvens	azuis	do céu	
todas	as	maravilhosas	nuvens	azuis	do céu	enegreceram
fem./plu.	fem./plu.	fem./plu.	fem./plu./3ª pessoa sing.	fem./plu.	protegido por conectivo	3ª pess./plu.

Devemos fazer mais algumas considerações sobre os dois quadros agora:

- Todos os quadros serão sempre assim, com seis posições, nessa mesma disposição? Claro que não! Posso ter combinações maiores ou menores, como simplesmente *"as nuvens"*, ou *"todas as nuvens"*, ou *"as nuvens do céu"*. É a pessoa que determina, ao construir suas frases, quantos e quais espaços vai utilizar e com que palavra vai preencher cada espaço, desde que obedeça às **condições** impostas pelo núcleo.

Essa condição de algumas palavras não atenderem às necessidades combinatórias de uma diátese é chamada de *restrição morfológica*. As restrições morfológias são relativamente comuns e não invalidam, de forma alguma, as regras gerais da sintaxe da língua.

- A palavra "azuis" não parece estar combinando em gênero com o núcleo. "Azuis" não parece ser feminino. Por quê? Isso acontece, porque **algumas palavras da língua não têm flexão** de gênero ("azul" não tem "azula", "feliz" não tem "feliza", por exemplo). Nesse caso, a combinação é feita apenas com as marcas que a palavra possui e isso não causa problema, porque as pessoas que falam a língua já sabem as características dessas palavras. É como se a língua entendesse a deficiência da palavra e considerasse que ela está combinando corretamente, dentro de suas próprias possibilidades. Também podem aparecer palavras que não tenham uma forma de plural, como "lápis" e "pires". Mas, o falante reconhece exatamente que esse é um caso de exceção que não invalida a regra geral.

- A gente sabe que as pessoas não obedecem a essas regras exatamente assim quando falam. Por exemplo, pode-se encontrar, sem dificuldade, uma pessoa que fale *"as nuvem azul"* e, mesmo assim, todo mundo entende. Como isso é possível? Bem, já disse aqui que existem **regras mais fortes e regras mais fracas** na língua. Nas combinações entre nomes, a condição de

A definição de regras que podem e que não podem ser violadas na língua se dá pela *hierarquia dos traços gramaticais*.

combinar em gênero é mais forte do que a condição de combinar em número. Por isso, as pessoas podem até falar *"as nuvem"* e *"os boi"* e a nossa gramática internalizada dá conta de interpretar a estrutura. Mas, você nunca verá uma pessoa que aprendeu português brasileiro como sua primeira língua falando *"os nuvens"* ou *"as bois"*, a menos que ela esteja brincando de imitar alemão falando português. Falar assim seria quebrar uma regra muito importante da língua e seria considerado uma violação não permitida. E, aqui, vale a pena abrir um parêntese para uma conversa rápida, mas bem séria, sobre essas violações permitidas. É importante lembrar que, quando escrevemos ou quando falamos em ambientes formais, se exige mais que essas regras de combinação sejam cumpridas pelas pessoas. As pessoas, em geral, acham isso mais bonito, portanto, acham que isso é mais adequado para essas situações formais, chiques, "bonitas". Isso se mede pelo que se chama de *valor social da fala*. O filósofo francês Pierre Bourdieu escreveu que a língua é como uma espécie de *produto* que a gente oferece num *mercado*. Em cada situação da vida, a gente oferece ou quer comprar um produto diferente. Em casa, por exemplo, a gente come ovo frito com arroz e feijão sem problema algum. Em um restaurante chique, por outro lado, queremos comer uma comida especial, como um estrogonofe ou um filé bem preparados. A gente não quer ir a um restaurante chique e pagar uma fortuna para comer um ovo frito, não é mesmo? Algo assim acontece, também, com a língua: para cada situação, há como que uma "língua" diferente. Todas as formas existentes de falar uma mesma língua funcionam, mas cada uma funciona melhor em seu lugar adequado. Por isso mesmo, ou seja, por causa dessa adequação, explica ele, as pessoas podem usar essas diferentes formas de falar a mesma língua, as diferentes formas que cada um domina, como meios de discriminação, de preconceito entre si, da mesma maneira que alguém que só tem como comer ovo frito poderia, na prática, ser discriminado por alguém que tem dinheiro para comer filé todos os dias. Ou da mesma maneira que alguém que só pode andar em um carro velho e surrado poderia ser humilhado por alguém que desfila um carrão de luxo zerinho, embora isso não seja correto de se fazer. Assim como atribuímos *valores* aos diversos tipos de comida, aos bens materiais, à beleza das pessoas etc., atribuímos valores às diferentes formas de falar. Se entendermos essa metáfora de que a língua é como um produto que oferecemos aos outros nas relações sociais, vamos entender a necessidade que nossos alunos têm de aprender, além da língua que eles já falam no dia a dia, o formato mais valorizado pela sociedade.

Agora que já vimos como as palavras se organizam em torno das bases (núcleos), você deve voltar ao subtítulo "Formando e diferenciando as palavras do português" e relembrar, nos quadros apresentados lá, quais são as palavras que funcionam como bases, quais são suas características, com quais palavras elas se combinam e como elas fazem suas combinações.

Exercício 4: Observe as frases a seguir e procure mostrar quais regras gramaticais de combinação estão sendo utilizadas nas combinações que aparecem sublinhadas.

a. O menino espertalhão enganou o colega no jogo.
b. Nós não sabíamos disso.
c. Ele é muito bonito, mas está mal alimentado.
d. Tudo aquilo é bem interessante.
e. A menina da mamãe caiu e machucou o joelhinho.
f. Precisamos de um balde de água.
g. Todas as moças do internato estão assustadas.
h. O Governo anunciou aumento para os servidores do Executivo.
i. Os gatos pretos são temidos.
j. Muitos meninos vão reprovar este ano.

As palavras que mandam e as que obedecem

No subtítulo anterior, vimos que apenas quatro tipos de palavras da língua abrem espaços na estrutura e funcionam como bases. Vimos, também, que elas definem um conjunto de condições para que outras palavras possam preencher os espaços que as bases abriram na estrutura (as *restrições gramaticais* e as *restrições semânticas*).

Pois bem: essas palavras que funcionam como bases mandam nas palavras que preencheram os espaços por elas abertos. Esse fenômeno de uma palavra mandar na outra é chamado de *regência* (lembre-se que a palavra *regência* vem de *rei, reinar, reger*). Existem vários nomes dados às palavras relacionadas por regência. Vejamos os mais comuns no quadro a seguir:

Palavra base	Palavra que preenche os espaços abertos pela base
palavra regente	palavra regida
palavra nuclear	palavra periférica
palavra subordinante	palavra subordinada

Não importa qual desses nomes você vai adotar. Pode, inclusive, continuar falando de "base" e de "palavras que preenchem os espaços abertos pela base". Mas, um termo é muito usado e você deve conhecer: *subordinação*. Inclusive, ele é muito usado quando estudamos o período composto. Então, vale lembrar: *digo que há subordinação quando uma palavra está mandando em alguma estrutura e tem outras palavras ou partes da frase ligadas a ela.*

As partes ligadas a uma palavra por regência sempre – sempre mesmo! – recebem da palavra base (nuclear, regente ou subordinante) uma função sintática. Muitas vezes, até orações são ligadas a uma palavra e funcionam como se fossem partes. Essas partes (ou, também, orações) são, dessa forma, chamadas de *subordinadas*.

Exercício 5: Vamos utilizar as mesmas frases do exercício anterior e fazer outro tipo de análise: sublinhe todas as palavras que funcionam como base (núcleo). Em seguida, faça setas dessas palavras para as palavras ou partes que elas dominam (ou seja, as palavras ou partes que estão preenchendo espaços abertos por essas bases). Veja o exemplo:

a. O menino espertalhão enganou o colega de jogo.

Comentários sobre o exemplo:

- observe que o nome "menino" comanda as combinações com as palavras adjetivas "o" e "espertalhão" e com o verbo "enganou";
- o verbo "enganou" comanda a parte "o colega de jogo". Mas, dentro dessa parte, existe outra parte menor. Lembre-se de que falei que, muitas vezes, a língua organiza parte dentro de parte, ou seja, "partes de partes";
- a palavra "colega" comanda a palavra adjetiva "o" e também a parte "de jogo".

Agora, é sua vez:

b. Nós não sabíamos disso.
c. Ele é muito bonito, mas está mal alimentado.
d. Tudo aquilo é bem interessante.
e. A menina da mamãe caiu e machucou o joelhinho.
f. Precisamos de um balde de água.
g. Todas as moças do internato estão assustadas.
h. O Governo anunciou aumento para os servidores do Executivo.
i. Os gatos pretos são temidos.
j. Muitos meninos vão reprovar este ano.

AS REGRAS QUE GRUDAM AS PALAVRAS

Como acabamos de estudar, as palavras bases definem uma série de condições de preenchimento dos espaços que elas abrem na estrutura da frase. Essas condições são de dois tipos:
1. condições gramaticais e;
2. condições de sentido.

As condições gramaticais definem de que maneira as regras da gramática serão aplicadas para deixar claro que as palavras estão ligadas entre si, ou seja, quais palavras estão se relacionando com quais outras palavras. *São as regras gramaticais que definem as **funções sintáticas** que as palavras ou partes receberão na estrutura.*

As condições de sentido, por sua vez, definem as possibilidades de combinação para que a frase possa ser compreendida, para que tenha um sentido coerente que possa ser reconhecido por quem ouve ou lê essa frase. Elas definem quais ideias podem ser relacionadas ao sentido dado a uma determinada palavra. Vamos ver alguns exemplos:

> A função sintática atribuída a um sintagma ou oração é chamada de *caso sintático.*

- ☑ lembremos da palavra "tigre" – se considero que seu sentido remete a um tigre de verdade, um animal, não posso relacionar a ela a ideia de "gasoso", mas posso relacionar a ideia de "feroz";
- ☑ tomemos o verbo "ver" – o sentido comum desse verbo indica que é preciso alguém vivo e que enxergue para poder ver. Assim, não posso dizer "O poste viu o menino.", a menos eu esteja usando uma linguagem figurada, fantasiosa. Por outro lado, posso dizer que "O homem viu o menino", pois se atribui a um homem, comumente, as funções de poder ver;
- ☑ tomemos o advérbio "calmamente" – o sentido comum da palavra "calmamente" indica algo que é feito sem pressa e de forma controlada. Esse sentido indica um modo de fazer as coisas. Não posso dizer – com seriedade – "João fugiu do leão calmamente desesperado.", porque as ideias de "fazer algo calmamente" ao mesmo tempo em que se faz isso "em desespero" são contraditórias.

Como se vê nos exemplos, as palavras e partes de uma frase expressam **"sentidos gerais"** que precisam combinar entre si. São tipos desses "sentidos gerais", por exemplo: uma ação com um agente, uma ação com quem sofre essa ação, uma coisa com suas propriedades, uma ação com um modo de fazer, uma propriedade com uma intensidade/quantidade dessa propriedade e assim por diante.

Esse sentido geral expresso por um sintagma (p. ex.: agente, paciente, modal, temporal etc.) é chamado de *papel temático*.

Podemos afirmar, então, que *as condições de sentido que as bases definem na estrutura garantem a coerência do sentido da frase, mas não definem as funções sintáticas*. Por isso é que são necessários os dois tipos de condições:

- condições gramaticais – funções sintáticas das partes;
- condições de sentido – coerência do sentido da frase.

Uma forma especial de obedecer à palavra base

Agora que sabemos que as palavras se relacionam umas mandando nas outras e como elas definem suas funções sintáticas na estrutura da frase, precisamos ver uma forma especial de ligação entre palavras que tenho chamado, até aqui, de "combinação de marcas" da base com as palavras que preenchem os espaços abertos.

Essa forma especial de combinação é chamada de *concordância*. Concordância é a repetição de marcas gramaticais em palavras de uma mesma estrutura, sempre tomando como referência a palavra base (núcleo). Portanto, a concordância somente é possível entre palavras que possam sofrer flexão, pois é pela flexão que as marcas gramaticais das palavras são repetidas em todas as palavras de uma estrutura.

No português brasileiro, a concordância sempre toma como referência os nominais que funcionam como base. Os nominais que funcionam como base são a única classe de palavras que exige concordância gramatical na estrutura. E esses nominais fazem isso de duas formas:

a. Concordância do nome (ou pronome base) com nominais que funcionem como adjetivos – será feita com as marcas de gênero (masculino ou feminino) e número (singular ou plural).

Observação: Vale lembrar que os pronomes possessivos (que funcionam como adjetivos) entram em concordância com duas bases ao mesmo tempo, como já vimos.
b. Concordância do nome com o verbo – será feita com as marcas de número (singular ou plural) e pessoa (3ª pessoa, se for um nome, ou 1ª, 2ª ou 3ª pessoa, se for um pronome base).

A concordância é importante, pois é através dela que identificamos os vários tipos de partes (sintagmas) que se relacionam com o nome, como veremos, uma a uma, mais adiante. Definir, portanto, se um **espaço sintático** da frase está ou não obrigado à concordância é um procedimento muito importante quando fazemos a análise sintática de uma frase em nossa língua. Então, vamos treinar isso um pouco?

> As lacunas sintáticas ligadas a um nome e sujeitas a uma relação de concordância são chamadas de *posições concordantes*.

Exercício 6: Verifique entre quais palavras das frases a seguir existe uma relação de concordância:

a. A menina vaidosa comprou um batom novo.
b. Aqueles trabalhadores já estão cansados.
c. Ninguém sabia direito a lição de casa.
d. O professor ditou as palavras muito rápido hoje.
e. Nós queremos mais do que pão e água.
f. Os óculos da minha mãe quebraram.
g. Meu computador não está funcionando bem.
h. João quer um aparelho de som novinho.
i. A máquina fotográfica caiu no chão e quebrou.
j. Todos os carros estacionados ali foram danificados pela enchente.

Partes em situação de igualdade

Até agora, vimos os tipos de relações entre palavras que são estabelecidas por subordinação, ou seja, entre uma palavra base (núcleo) e uma parte ou oração que preencha o espaço aberto pela base. Agora, veremos um último tipo de relação diferente das anteriores e que pode se estabelecer de duas formas:

1. pela repetição de partes ou orações com a mesma função ou;
2. pela relação baseada exclusivamente pelo sentido.

Primeiramente, vamos deixar claro que, em relações estabelecidas sem subordinação, não há estabelecimento de funções sintáticas entre as partes ou orações. Isso porque, como já vimos, é a subordinação a uma palavra base que define a função sintática da parte ou oração subordinada. Mas, aqui, a relação é diferente. Vamos começar com os dois exemplos abaixo:

☑ João foi à feira e comprou tomate, cenoura e pepino.

☑ João, o dono do restaurante, gasta muito na feira.

No primeiro exemplo, temos uma estrutura assim:

Podemos ver que as partes da frase "*tomate*", "*cenoura*" e "*pepino*" têm as mesmas características:

- são todas formadas por nomes, logo, têm a mesma natureza;
- estão ligadas a um mesmo núcleo ao mesmo tempo (na mesma estrutura);
- exercem a mesma função (estão completando o verbo).

Ou seja, entre elas, não há relação de comando, mas elas estão em relação de **igualdade sintática** entre si. As três partes são subordinadas ao verbo, que funciona como sua base sintática. Mas, entre elas, não há subordinação sintática.

Essa relação de igualdade sintática se chama *coordenação*.

No segundo exemplo, a relação de igualdade existe entre as partes "*João*" e "*o dono do restaurante*". Da mesma forma que no caso anterior, as partes têm núcleos com a mesma natureza, estão ligadas à mesma base ao mesmo tempo (são subordinadas a uma só base, portanto) e exercem a mesma função sintática em relação ao verbo. Veja o esquema a seguir:

Veja como as partes da frase "*João*" e "*o dono do restaurante*" têm as mesmas características gerais:
a. são ambas de natureza nominal;
b. têm, como base, um nome que define a concordância com o verbo;
c. exercem a mesma função na frase.

Mais uma vez, tenho uma equivalência sintática entre as partes, uma relação de *coordenação* que se estabelece entre *duas ou mais partes que exercem a mesma função sintática em relação ao mesmo núcleo ao mesmo tempo.*

Mas, há outro tipo de coordenação, em que as partes ou orações não estão ligadas a um núcleo comum. Elas apenas se ligam pelos sentidos, sem quaisquer restrições sintáticas ou mesmo estabelecimento de funções. Veja os exemplos:

☑ Comi, fiquei com sono, fui dormir.
☑ João estudou e tirou boa nota na prova.

Nesses dois exemplos, as partes em questão (no caso específico, são orações) não têm qualquer relação sintática entre si: não há um núcleo comum, não há funções sintáticas, nada de gramatical que as ligue. A gente apenas sabe que elas estão juntas porque entende que os sentidos dessas partes se relacionam. Poderíamos até separar as partes sem prejuízo do conteúdo. Veja:

☑ Comi. Fiquei com sono. Fui dormir.
☑ João estudou. (João) tirou boa nota na prova.

Esse tipo de coordenação acontece especialmente entre frases. Nesse caso, falamos de uma coordenação estabelecida apenas em razão do sentido das partes e não da presença de um núcleo comum.

Muitas vezes, um período, simples ou composto, apresenta os dois tipos de relação em sua estrutura: algumas partes ou orações relacionadas por coordenação e outras partes ou orações relacionadas por subordinação. Isso é apenas a língua usando todos os seus recursos para construir as frases de que precisamos para formar os textos com os quais nos comunicamos. Vamos ver se isso está entendido?

Exercício 7: Nos exemplos a seguir, verifique se há coordenação. Quando for um caso de coordenação entre partes ligadas a uma mesma palavra base, classifique como "coordenação do tipo 1"; quando for uma coordenação sem um núcleo comum, apenas pelo sentido, classifique como "coordenação do tipo 2". Para facilitar um pouco, pois ainda estamos aprendendo, as partes coordenadas entre si virão sublinhadas:

a. A professora chamou a atenção do João, do Manoel e do Marquinhos.
b. A gente nasce, a gente cresce, a gente morre e não leva nada daqui.
c. Ninguém sabia direito a lição de casa e todo mundo levou bronca do professor.
d. O seu João, o professor novo da escola, é muito bravo.
e. Nós gostamos de comer, de beber e de falar mal da vida alheia.
f. Os óculos da minha mãe quebraram, mas meu pai não comprou outros.
g. Meu computador não tem teclado, monitor nem mouse.

Palavras criadas para ligar e proteger

Até aqui, vimos, em detalhes, que as palavras bases estabelecem, entre elas e as partes ou orações que se ligam a elas, uma relação de subordinação. Também vimos que, entre partes ou orações, pode se formar uma relação de equivalência sintática, uma relação de coordenação. Mas, há um caso de ligação muito especial, que pode ocorrer tanto na coordenação quanto na subordinação, que precisa de um estudo mais detalhado. É o das ligações com o uso de conectivos.

Conectivos são palavras da língua criadas para, como o nome diz, "conectar", ligar. Eles funcionam de duas maneiras:

1. ligando estruturas em que uma palavra manda em uma parte (subordinação);
2. ligando estruturas em que há equivalência sintática entre as partes (coordenação).

Em cada tipo de estrutura dessas, os conectivos, que são pequenas palavras maravilhosas e muito úteis na língua, desempenham trabalhos diferentes. Vamos ver um a um. Observe os exemplos a seguir:

☑ O dono da mercearia comprou um carro novo.
☑ A roda da minha moto está torta.

☑ Eu gosto de leite frio.
☑ Ele comeu a comida toda de manhã.

Em todos esses exemplos existem relações em que aparecem conectivos. Vamos ver uma a uma a seguir:

☑ dono ▶ da mercearia
☑ roda ▶ da minha moto
☑ gosto ▶ de leite frio
☑ comeu ▶ de manhã

O que acontece em cada caso?

Nas relações entre *"dono"* (nome) e *"mercearia"* (nome) e entre *"roda"* (nome) e *"moto"* (nome), sabemos que haveria um conflito entre esses nomes, já que o nome sempre quer ser uma base. Nesse caso, o que o conectivo faz? Duas coisas:
1. protege os nomes um do outro (bloqueia a relação de concordância) e;
2. estabelece um sentido específico para a relação (*"dono da mercearia"* – relação de posse; *"roda da moto"* – relação de pertinência).

Já nos exemplos seguintes, nas relações entre *"gosto"* (verbo) e *"leite"* (nome) e entre *"comeu"* (verbo) e *"manhã"* (funcionando aqui como advérbio), não há qualquer conflito nas relações sintáticas. Nesses casos, o conectivo apenas exerce uma função:
1. estabelece um sentido específico para a relação (*"gosto de leite"* – relação indicativa; *"comeu de manhã"* – relação de localização no tempo).

Em resumo: quando os conectivos relacionam partes em condição de subordinação, como nos exemplos citados, eles podem exercer uma função dupla (bloquear concordância e indicar o sentido da relação) ou uma função simples (indicar o sentido da relação).

Quando os conectivos atuam em relações de coordenação, porém, como não há relações sintáticas nem funções estabelecidas, eles, obviamente, só poderão atuar indicando o sentido das relações. Veja os exemplos:

☑ Eu comi, <u>mas</u> não estou satisfeito. (ideia de algo inesperado)
☑ Compramos um carro <u>e</u> uma moto. (ideia de soma)
☑ Eles sabiam a data <u>já que</u> eu disse. (ideia de causa, razão)
☑ Nós fizemos tudo <u>e</u> recebemos o dinheiro. (ideia de consequência)

Em nenhum desses quatro exemplos, existe qualquer conflito de concordância entre nomes, logo não existe qualquer necessidade de bloquear a concordância. Mas, em todos eles, os conectivos estão presentes para fazer seu papel em relação aos sentidos e indicar o sentido específico das relações entre as partes.

Não esqueça que, em nossa língua, é comum que conectivos se juntem com outras palavras em processos que são chamados de *contrações* (quando há perda de elementos, como em *de + o = do*) ou *combinações* (quando não há perda de elementos, como em *a + o = ao*). É incrível saber que os falantes da língua não se dão conta disso. Em pesquisa recente* com cerca de trezentas pessoas sem escolarização ou com baixa escolarização, ficou atestado que os falantes que não aprenderam na escola que essas combinações com conectivos acontecem consideram que palavras como *pelo*, *duma*, *numa*, *do*, *ao*, *praquele* etc. são uma palavra só e não podem ser divididas. Isso é muito sério e deve ser levado em conta na hora de ensinar seus alunos. Provavelmente, eles também não se dão conta das combinações e contrações que existem por aí na língua.

Bem, agora, será que você já consegue diferenciar os dois tipos de atuação dos conectivos? Vamos ver pelo exercício a seguir:

Exercício 8: Nas frases seguintes, indique quando a atuação do conectivo é dupla (bloqueia concordância e indica o sentido da relação) ou quando é simples (apenas indica o sentido da relação). Os conectivos aparecem sublinhados.

a. O pai da Rosinha gosta muito de torta de tomate.
b. Ele comprou um carro usado e se arrependeu.
c. João acabou de falar com o pai sobre a casa de seu irmão mais velho.
d. Os homens de bem costumam pagar suas contas.
e. Os meninos do bairro fizeram uma fogueira de São João.
f. Nem todos da classe conseguiram responder a pergunta da professora.
g. Ele sabia o segredo da presidente.
h. Ele comprou porque não tinha outro jeito.

---

* Realizada em 2010-11, pelo bolsista PIBIC/CNPq Matusalém de Lima do Nascimento, sob minha orientação.

A ordem também ajuda a definir as coisas

Quanta coisa bonita e interessante existe na língua apenas para garantir que a gente consiga montar nossas frases e nossos textos! Mas, sabe que tudo isso junto, de vez em quando, ainda não dá conta de todas as nossas necessidades expressivas? É verdade! Nem com subordinação, com concordância, com coordenação, com conectivos... com tudo isso junto, ainda podem ficar possibilidades de não se entender a frase.

Aí, a língua usa um recurso muito simples e legal: coloca as coisas em uma ordem previamente definida e conhecida pelos falantes. Veja como isso é interessante, analisando os exemplos a seguir. Digamos que eu queira responder a uma pergunta bem simples: "Quem mordeu e quem ou o que foi mordido?", mas apenas usando os conhecimentos gramaticais que aprendi até aqui. Vamos tentar?

☑ A menina mordeu o chocolate.

Essa é muito fácil! Eu sei que quem mordeu foi a menina, pois o sentido me diz isso. O verbo "morder" exige um agente e apenas a menina é agente aí na frase. Então outra mais difícil:

☑ As meninas morderam o menino.

Agora, os dois são agentes... mas, ainda é muito fácil, pois eu sei que existe uma concordância entre "meninas" e o verbo "morderam", que não existe entre o outro agente na frase (menino) e o verbo. Então, eu sei que o agente que fez a ação expressa nesse verbo está definido na parte que concorda com o verbo: "meninas". As meninas morderam, o menino foi mordido. Manda outra mais difícil! Então, aí vai:

☑ O jacaré mordeu a onça.

Agora quero ver... Os dois são agentes, os dois têm as mesmas marcas do verbo (3ª pessoa do singular) e os dois podem morder um ao outro. O sentido não resolve, a concordância não resolve, não há conectivos... E agora, que recurso a língua usa para definir as coisas? A ordem! O jacaré mordeu, a onça foi mordida. A gente sabe disso, porque nossa gramática internalizada dá conta facilmente de problemas como este. Mas, e para uma pessoa que esteja aprendendo português e cuja língua tem uma ordem sintática diferente da que usamos? Aí pode complicar...

Cada língua estabelece uma **ordem sintática padrão** entre as partes da frase. Essa ordem define questões importantes da estruturação da língua, cria uma forma mais comum de falar e isso facilita muito a forma como entendemos os textos. Em nosso português brasileiro, a ordem padrão é representada pela fórmula {SVO}, ou seja, o *sujeito* vem primeiro, depois o *verbo* e, por final, o chamado *objeto* (complemento do verbo).

A ordem sintática padrão de uma língua é chamada de *ordem canônica.*

É claro que essa ordem não é dura como concreto armado! A gente pode mudar algumas coisas, de vez em quando. Pode-se colocar o verbo antes do nome, por exemplo (Acabaram as balas./As balas acabaram.), mas isso não é em qualquer estrutura, de qualquer jeito. E, quando o falante percebe que pode dar problema na interpretação, ele costuma colocar as coisas no lugar previsto. É mais fácil e mais seguro. Afinal para que complicar se dá para facilitar?

A melodia da língua e sua influência na estrutura das frases

Para terminar nossa revisão dos recursos que a língua utiliza para a estruturação das frases, vamos verificar como a melodia que usamos para falar interfere na estrutura das frases que dizemos. Isso não acontece na escrita, mas é muito importante na fala. Veja uma frase como a seguinte:

☑ João cuidou de seu cachorro doente.

Há duas formas bem diferentes de pronunciar essa frase. E é interessante notar que, por isso, há duas frases diferentes, uma para cada forma de falar: uma com uma pausa depois de "cuidou" e uma com uma pausa depois de "cachorro". Quando falamos:

☑ João cuidou// de seu cachorro doente.

Fica claro que era o cachorro de João que estava doente. A palavra "doente", nessa estrutura, está subordinada à palavra "cachorro".

Mas, quando mudamos a pausa de lugar, ficamos com:

☑ João cuidou de seu cachorro// doente.

Então, quem estava doente enquanto cuidava do cachorro era o João. Nesse caso, a palavra "doente" passa a estar ligada à palavra "João" e não mais à palavra "cachorro". Que interessante isso: apenas mudamos a melodia, a entonação com que falamos, e a estrutura da frase se modifica!

Na verdade, o que acontece, na prática, é que usamos uma determinada melodia para definir qual estrutura queremos que seja compreendida. Vamos treinar um pouco isso?

Exercício 9: Procure pronunciar as frases a seguir de maneira a mudar sua estrutura, pelo menos, uma vez. Lembre-se de como foi feito com a frase do exemplo anterior.

a. O pai casou a filha feliz.
b. O menino bebeu o leite sujo.
c. Maria viu Joana entristecida.
d. O homem encontrou seu amigo contente.
e. O leão atacou o treinador furioso.

* * *

Muito bem! Agora, você já conhece os principais recursos que nossa língua utiliza para grudar as palavras em partes, grudar a partes em frases, estas em períodos, estes em textos e permitir que a gente converse, se entenda, fale tudo o que precisa! Mas a análise sintática na escola não para por aí. Ainda falta ser capaz de identificar e de classificar os tipos de partes (sintagmas) de uma frase e os tipos de frases (nominais e verbais) da língua, dando um rótulo para cada uma delas. Essa é a segunda parte do nosso livro, que vem a seguir.

Mas, nem tente ir adiante se ficaram dúvidas e mal-entendidos sobre os recursos que estudamos até aqui. Se for preciso, volte aos trechos que você não entendeu completamente, leia novamente, estude os recursos de estruturação até dominar um por um. São eles que nos permitirão verificar os padrões de combinação utilizados na língua e, assim, com base nesses padrões, poder classificar com coerência, com análise, sem adivinhações, cada uma das partes e cada tipo de frase. Se você compreendeu bem os recursos, já fez 80% da jornada e o que virá pela frente vai ser moleza!

Nesse próximo capítulo, vou começar a utilizar mais os termos técnicos como *sintagma*, *oração*, *período*, *núcleo*, *lacuna* etc., pois você já os conheceu na primeira parte do livro. Além do mais, se for um professor, só vai trabalhar esses termos com alunos do ensino médio, que são moços e moças que têm plena condição de usar tal nomenclatura sem confusões, desde que ela seja apresentada a eles de forma progressiva e intuitiva. Com isso esclarecido, vamos seguir nosso caminho?

Os diferentes tipos de sintagmas

No capítulo anterior, pudemos aprender que o que define a função a ser exercida por um sintagma é o conjunto de restrições semânticas e gramaticais estabelecidas pelo núcleo que o gerou, ou seja, pela palavra à qual esse sintagma está ligado. Podemos chamar essa palavra que origina o sintagma de "*núcleo gerador*" do sintagma, que é diferente do *núcleo do* próprio *sintagma*. Veja o exemplo:

☑   A casa do João é feita de tijolos.

Observe a primeira parte da frase: "A casa do João". O núcleo dessa parte é a palavra "*casa*". É a palavra "*casa*" que, nesta parte da frase abre duas lacunas:

<u>A</u> < casa > <u>do João</u>

Podemos dizer que a palavra "*casa*" é o núcleo que origina, que gera – o núcleo gerador, portanto – essas outras duas partes: "*a*" e "*do João*". Por outro lado, podemos ver, a seguir, que cada uma dessas partes tem um núcleo estrutural, o seu próprio núcleo.

O sintagma "*a*", como é formado por uma única palavra, tem nessa palavra o seu próprio núcleo. O núcleo do sintagma "*a*" é a palavra "*a*"; já o sintagma "*do João*", tem na palavra "*João*" o seu núcleo. Assim o núcleo do sintagma "*do João*" é a palavra "*João*". *O núcleo de um sintagma é sempre uma palavra*. Ou seja: *é preciso diferenciar o núcleo que gera um sintagma do núcleo do próprio sintagma*. O primeiro é chamado de *núcleo gerador* do sintagma (é uma palavra externa ao sintagma, já que é ela que abre a lacuna em que o sintagma vai funcionar); o segundo é chamado apenas de *núcleo* (do sintagma) e é uma das palavras do sintagma, a mais central da estrutura.

Como também já vimos, existem partes dentro de partes na estrutura sintática, ou seja, sintagmas dentro de sintagmas. Assim, uma palavra que esteja dentro de um sintagma pode ser o núcleo gerador de outro sintagma.

Veja o que acontece no sintagma "*do João*", cujo núcleo é "*João*": dentro dele há outro sintagma: "*o*" (não esqueça que "do" é "de + o"). Esse sintagma "*o*" é gerado pela palavra "*João*":

casa   [de]   >   [o < João]

Assim, a palavra "*João*" é o núcleo do sintagma "*do João*", mas é, também, o núcleo gerador do sintagma "*o*", que se liga a ela em uma relação de concordância. Vamos imaginar, então, um esquema para descrever esse sintagma "*a casa do João*"? Vamos pensar em um esquema em que fiquem claras essas relações entre os núcleos e as palavras que funcionam em suas lacunas. Vamos usar balões explicativos para indicar as lacunas que são abertas:

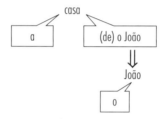

De acordo com o esquema, temos:

- Núcleo do sintagma "*a casa do João*" – a palavra "*casa*"
- Núcleo gerador dos sintagmas "*a*" e "*do João*" – a palavra "*casa*"
- Núcleo do sintagma "*a*" – a palavra "*a*"
- Núcleo do sintagma "*do João*" – a palavra "*João*"
- Núcleo gerador do sintagma "*o*" – a palavra "*João*"
- Núcleo do sintagma "*o*" – a palavra "*o*"

Então, isso quer dizer que uma mesma palavra pode ser o núcleo do sintagma em que ela está e, ao mesmo tempo, um núcleo gerador de outro sintagma? Isso mesmo! E isso é muito comum na língua! Na verdade, é a forma mais comum como as coisas se organizam. É mais ou menos como na família: uma pessoa pode ser, ao mesmo tempo, filho de seus pais e primo dos filhos dos seus tios, sem problema e sem conflito de funções. É uma questão de "com quem você está se relacionando". Por isso, se alguém nos perguntasse: "O que você é na sua família?", essa pergunta soaria estranha e a gente logo retrucaria: "Mas, em relação a quem?". Isso é claro porque, em relação ao meu pai, eu sou "filho"; em relação

Os diferentes tipos de sintagmas **95**

aos filhos do meu pai, eu sou "irmão"; em relação aos filhos dos meus tios, eu sou "primo"; em relação aos pais do meu pai, eu sou "neto", e assim por diante.

Esse tipo de estrutura em que uma mesma palavra se relaciona com diversos sintagmas de formas diferentes é bem comum e se caracteriza ao se estabelecer por múltiplas relações: um mesmo elemento assume várias funções simultâneas, que são definidas dependendo de quem seja sua referência na relação. Assim ocorre na estrutura sintática do português brasileiro, em que uma mesma palavra pode assumir diversas funções simultâneas. Analisar isso depende de estabelecer referências (bases) nas relações. Para a pergunta "Essa palavra é o que aqui nessa frase?", a resposta dependerá de qual relação estamos analisando.

Vamos voltar à frase do exemplo e verificar as outras relações?

☑ A casa do João é feita de tijolos.

Muito bem! Já vimos: "*a casa do João*". Agora vamos ver: "*é feita de tijolos*".

Embora o verbo esteja vinculado, nas relações de concordância, ao nome que funciona como sujeito (vamos ver o *sujeito* em detalhes adiante) – o que dá a entender que o nome é "superior" ao verbo na hierarquia sintática, tradicionalmente –, é o verbo que é analisado como o centro da oração. Isso acontece porque temos orações em que o sujeito não ocorre, mas nunca temos orações em que o verbo não ocorre. Assim, o verbo parece ser a figura essencial para que haja uma oração (como o nome é essencial para que haja uma frase nominal), embora ele fique subordinado ao nome/sujeito quando este ocorrer. Essa briga pela supremacia do nome ou do verbo tem gerado uma discussão interminável que não interessa para a educação básica. Uma discussão do tipo daquela em que se quer saber qual veio primeiro: se o ovo, se a galinha. Mas, para nós, o que interessa, de forma muito clara e objetiva, é:

a. sem um nome, não pode existir uma frase ou outra estrutura nominal;
b. sem um verbo, não pode existir uma oração;
c. quando a oração tem um sujeito, o verbo tem sua concordância subordinada a esse sujeito;
d. quando a oração não tem um sujeito, o verbo vai para a terceira pessoa (seja do singular, seja do plural), justamente por falta de uma base de concordância em que o verbo possa se apoiar.

Então, tomando isso como referência, não há problema em manter aqui essa concepção e deixar o verbo como núcleo da frase verbal. Assim, teríamos a seguinte estrutura:

A casa do João < é > feita de tijolos.

Núcleo da oração – a palavra "*é*" (o verbo)
Núcleo gerador do sintagma "*A casa do João*" – a palavra "*é*"
Núcleo gerador do sintagma "*feita de tijolos*" – a palavra "*é*"

Vamos analisar, agora, o sintagma "*feita de tijolos*". Seu núcleo é a palavra "*feita*" que está funcionando aqui como adjetivo de "*casa*". A essa palavra se junta outro sintagma: "*de tijolos*". Então temos:

Núcleo do sintagma "*feita de tijolos*"– a palavra "*feita*"
Núcleo gerador do sintagma "*de tijolos*" – a palavra "*feita*"
Núcleo do sintagma "*de tijolos*" – a palavra "*tijolos*"

Creio que, agora, podemos completar aquele esquema que iniciamos anteriormente. Lembre-se de que os balões explicativos representam as lacunas que são abertas por cada palavra que funciona como um núcleo gerador nesta frase:

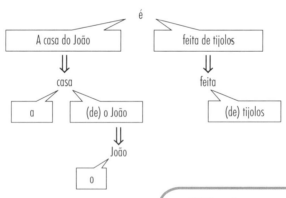

Então, com base nesse **esquema** vemos que:
- O verbo "*é*" abre lacunas para os sintagmas "*a casa do João*" e "*feita de tijolos*";
- O nome "*casa*" abre lacunas para os sintagmas "*a*" e "*do João*";
- O adjetivo "*feita*" abre uma lacuna para o sintagma "*de tijolos*";
- O nome "*João*" abre uma lacuna para o sintagma "*o*".

Esquemas como esse são muito úteis para os alunos visualizarem as relações entre os núcleos e as demais palavras da frase. Fazer diversos esquemas desse tipo com eles e pedir que os alunos os utilizem nas análises é uma poderosa ferramenta no ensino da Sintaxe.

Continuando nossa compreensão dessas relações, podemos concluir que, quando o núcleo gerador é um nome, temos algumas características do próprio nome que definem os sintagmas que podem se ligar a ele. É diferente quando o núcleo gerador é um verbo, um advérbio, uma palavra que esteja funcionando como adjetivo. Cada um desses quatro tipos de palavras gera tipos diferentes de sintagmas, *de acordo com suas propriedades como palavras* (aquelas propriedades das palavras que apresentei lá no capítulo "A organização da língua". Não se esqueça delas!).

A partir de agora, vamos ver como isso funciona, verificando que tipos de sintagmas cada palavra pode gerar, ou seja, quais são os sintagmas quando o núcleo gerador é um nome, quais são eles quando o núcleo é um verbo, um advérbio ou uma palavra funcionando como adjetivo. Mas, antes disso, gostaria de pedir a você que faça um pequeno exercício sobre núcleos. Lembre-se do esquema que fiz para a frase *"A casa do João é feita de tijolos"*, pois agora você construirá esquemas parecidos com aquele. Vamos ao exercício:

Exercício 10: Faça um esquema das relações entre os núcleos geradores e as demais palavras das frases abaixo. Para facilitar um pouco nessa fase inicial, os núcleos geradores estão sublinhados. Não esqueça de deixar o verbo como núcleo central da frase:

a. O elefante do circo pisou na barriga do palhaço.
b. A laranja passada amargou a salada de frutas.
c. O homem bondoso cuida de seus amigos chegados.

SINTAGMAS NOMINAIS LIGADOS A NOMES (E PRONOMES BASES)

Vamos lembrar aqui das características dos nomes (e pronomes bases). Vou buscar essas características lá na tabela que vimos no capítulo "A organização da língua":

Nomes	• Todos os nomes são marcados em 3ª pessoa [A <u>casa</u> é bonita] • Podem ser masculinos ou femininos (marca de gênero) [gato/gata] • Podem ser singulares ou plurais (marca de número) [gatos/gatas] • Funcionam como a base da combinação com outros nomes e com o verbo [O <u>gato preto</u> <u>bebeu</u> o leite]	Alguns pronomes como *eu, tu, ele*, etc., funcionando como bases de concordância	• São marcados em pessoa conforme cada caso (1ª, 2ª ou 3ª) [eu/tu/ele] • Podem ter marca de gênero [ele/ela] • Podem estar no singular ou no plural [eles/elas] • Também atuam como base da combinação com certos nomes e com o verbo [<u>Eu mesmo</u> <u>quebrei</u> o pote]

Essas características nos mostram que esses nomes sempre exigirão concordâncias (nominal ou verbal) dos sintagmas que se ligarem a eles ou alguma forma de bloquear essas concordâncias. Então, que tipos de sintagmas eles geram? Vejamos.

Os sintagmas que concordam sempre

Chamamos de "**adjunto**" *o sintagma que se liga a um nome por meio de concordância nominal.* Logo, só pode funcionar como adjunto uma palavra que funcione como adjetivo, pois somente essas palavras permitem concordância nominal com os nomes.

A gramática normativa usa o termo *adjunto adnominal* para se referir ao adjunto. Como veremos, a seguir, isso é uma redundância, pois só pode haver adjuntos de nomes, bastando, portanto, usar o termo "adjunto". Veremos que a denominação adjunto para termos adverbiais é indevida e será proposta uma substituição aqui.

Por sua natureza, o adjunto é sempre uma palavra única (não há adjuntos formados por mais de uma palavra no português brasileiro), embora um mesmo nome possa ter diversos adjuntos ao mesmo tempo.

Onde quer que haja um nome na frase, a ele poderá estar ligado um adjunto.

Veja os exemplos a seguir, nos quais os núcleos nominais estão em itálico e seus adjuntos estão sublinhados. Para facilitar, os sintagmas com núcleos nominais estão separados por colchetes:

☑ [<u>A</u> *menina* <u>bonita</u> e <u>educada</u>] comeu [<u>todo</u> <u>o</u> *bolo* [<u>da</u> *festa*]].
☑ [<u>Este</u> <u>seu</u> *gato* <u>preto</u>] solta [<u>muito</u> *pelo*]!

☑ [As mulheres [da lavanderia] estão reclamando [do frio].
☑ [Todos aqueles trabalhadores [do campo]] serão [devolvidos [a suas terras].

Como você pôde notar, todas as palavras sublinhadas estão em relação de concordância com os nomes que funcionam como seus núcleos geradores.

Mas você pode estar se perguntando: "Oras bolas! No livro de gramática que eu tenho em casa e no livro didático da escola, existem exemplos como "casa da Maria", em que "da Maria" é chamado de adjunto, e aqui se diz que os adjuntos sempre estão em concordância e sempre são palavras únicas. Como é isso?" Bem, isso será uma longa conversa, mas eu vou explicar, pois ela faz parte daquelas escolhas de que falei no início do livro.

As gramáticas da vertente tradicional no Brasil, as chamadas gramáticas normativas, não seguem critérios científicos de análise. Pelo contrário, e como mostrei na introdução deste livro, elas, na maioria das vezes, fazem uma enorme confusão de critérios. E, o pior ainda, querem arrastar – à força! – coisas do latim para o português brasileiro. O brasileiro não é o latim! As estruturas sintáticas dessas línguas são muito diferentes e usar uma para explicar a estrutura da outra não produz explicações muito coerentes.

Aliás, essa confusão entre *adjuntos adnominais* e *complementos nominais* é uma batalha histórica. Algumas soluções foram tentadas, mas quase todas baseando-se em critérios de diversas naturezas, que não eram critérios estritamente sintáticos. O que proponho aqui é a adoção pura e simples de um padrão sintático de funcionamento que permite separar, sem exceções, adjuntos de complementos. Isso pode assustar algumas pessoas, especialmente aquelas que têm adotado, ao longo de suas vidas, uma confusão de critérios (semânticos, filosóficos, lógico-matemáticos, religiosos etc.), mas se mostra muito funcional com os alunos, que passam a separar as duas coisas sem qualquer problema ou dificuldade. Vamos ver isso em detalhes agora.

Quando a gramática tradicional chama "da Maria" de *adjunto adnominal*, ela está tentando fazer uma analogia com a estrutura que, em latim, se chamava de "genitivo". Acontece que, no latim, a estrutura do genitivo era marcada com uma terminação morfológica específica que não existe em nenhuma das variações do português. Portanto, essa analogia não é adequada e não se aplica ao português. Para complicar mais as coisas, as pessoas que escrevem essas gramáticas ainda tentam fazer uma relação direta entre o termo que era chamado de "ablativo" com as estruturas adverbiais do português, que são chamadas igualmente de "adjuntos" (adjunto adverbial). Bem, mais uma vez, no latim havia uma marca morfológica para o ablativo que não existe no português, nem do Brasil, nem de Portugal, nem de lugar algum do planeta. E, para completar, a forma sintática como os adjuntos se relacionam aos nomes é totalmente diferente da forma como as estruturas adverbiais se relacionam aos núcleos que as geram. Então, mais uma vez, por isso a tentativa de analogia é inadequada e chamar uma estrutura adverbial do português brasileiro de *adjunto* é muito inadequado também.

Já vimos que, no português, temos apenas quatro formas – ou seja, quatro comportamentos sintáticos diferentes – de um sintagma se relacionar com um nome:

a. por **concordância nominal** – ocorre quando um sintagma adjetivo se liga a um nome;
b. por **concordância verbal** – ocorre quando um sintagma verbal se liga a um nome;
c. por **regência**, **com uso de conectivo** – ocorre quando outro nome se liga a um nome e, por isso, precisa ser protegido por um conectivo, para que não haja conflito de base de concordância;
d. por **coordenação** – ocorre quando um nome que está exercendo a mesma função, em relação ao mesmo núcleo, na mesma estrutura se equivale a outro nome.

Se nós só temos essas quatro formas de um sintagma se relacionar a um nome, nada mais natural do que adotar esses quatro tipos diferentes de relações sintáticas para caracterizar quatro tipos diferentes de sintagmas ligados aos nomes.

Aqui, então, adoto o seguinte padrão de classificação: o que marca o adjunto é a existência de concordância nominal. Se não há concordância nominal, não há adjunto. Assim, o sintagma "*da Maria*" ou qualquer outro sintagma nominal iniciado com conectivo não apresenta concordância nominal justamente porque uma das funções sintáticas do conectivo em sintagmas nominais é a de bloquear a concordância. É claro que o processo sintático que liga "*da Maria*" a "*casa*" é diferente do processo que liga "*bonita*" a "*casa*". Vejamos isso em detalhes no quadro a seguir:

Sintagma	Características
casa [da Maria]	• da Maria – o núcleo do sintagma é um nome • o sintagma inicia com conectivo • não há relação de concordância com o nome gerador • a estrutura é complexa, formada por diversas palavras
casa [bonita]	• bonita – o núcleo é uma palavra funcionando como adjetivo • o sintagma nunca tem conectivo • o sintagma se liga por meio de concordância nominal • a estrutura é sempre composta por uma única palavra

Agora, é minha vez de perguntar: como podemos acreditar que duas estruturas tão diferentes podem ser a mesma coisa e dar a elas o mesmo nome? Somente se não aplicarmos nenhum critério coerente ou nenhum critério sintático. Mas, então, como classificar "*da Maria*" e todos esses sintagmas que se relacionam aos nomes por meio de conectivos? Peço um pouco de calma agora, pois veremos isso já, já, no próximo subtítulo. Agora, é hora de exercitar um pouco nossa análise dos adjuntos:

Exercício 11: Destaque todos os núcleos geradores nominais das frases a seguir e sublinhe os adjuntos que se relacionam a eles, quando houver:

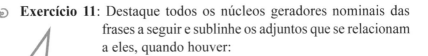

Muita atenção, professor, na fase dos exercícios iniciais com identificação de sintagmas! Exercitamos uma única análise por vez. Nunca pedimos a um aluno iniciante para encontrar todos os tipos de sintagmas e nunca ensinamos todos os tipos de sintagmas antes de iniciar as análises. Ensinamos "adjuntos" e treinamos exaustivamente encontrar "adjuntos". Somente depois passamos para outro tipo de sintagma e acrescentamos um por um nas análises, sem pressa de passar adiante até que tenhamos certeza de que os alunos já dominam aquele tipo de sintagma específico que estamos, com eles, treinando separar e classificar na frase.

a. Os casos graves de dengue mereceram registro na mídia televisiva.
b. Os estudantes que foram para a Bahia conheceram a bela Rainha do Axé.
c. Todos os seus sapatos precisam de uma desinfecção urgente!
d. Os norte-americanos mais assustados com os terroristas estão pedindo providências de segurança para o governo.
e. Ninguém sabia ao certo quando o intenso frio do inverno gaúcho iria terminar.

Completando, mas sem concordância

Como vimos no subtítulo anterior, estruturas como "*da Maria*", ligadas a nomes, não podem ser consideradas adjuntos. Suas características sintáticas são diferentes das características dos adjuntos. Vamos lembrar que, neste caso:

- o núcleo do sintagma é um nome;
- o sintagma inicia com conectivo;
- não há relação de concordância com o nome gerador;
- a estrutura é complexa, formada por diversas palavras.

Estruturas como essa, ligadas a um núcleo, subordinadas a esse núcleo, mas sem relação de concordância com ele, serão chamadas aqui de "complementos". Complementos ligam-se por regência a um núcleo, obviamente têm relação de sentido com esse núcleo (completam seu sentido de alguma forma), mas nunca estabelecendo uma relação de concordância. *Complemento* será, portanto, o nome geral utilizado para todo tipo de sintagma que completa um núcleo sem concordar com ele. Não há exceções.

Como não concordam sintaticamente com o núcleo, complementos – falando de modo geral – podem ou não vir ligados a ele por meio de um conectivo. Ou seja: ocorrem, no português brasileiro, complementos ligados ao núcleo gerador por conectivos e complementos ligados sem conectivo. Porém, precisamos ver que, *no caso de complementos ligados a nomes*, *os conectivos são obrigatórios*, pois sua presença é a única forma de estar subordinado a um nome sem concordar com ele.

Nos casos que estamos estudando nesta seção, o complemento está ligado a um nome. Assim, será chamado de "*complemento nominal*" e, obrigatoriamente, terá um conectivo. Essa necessidade do conectivo para a estrutura dos complementos nominais é velha conhecida dos gramáticos do português. Até mesmo o gramático Napoleão Mendes de Almeida (1985: 422 e ss.), em sua *Gramática metódica da língua portuguesa*, que é uma obra reconhecidamente normativa, discorreu longamente sobre essa característica dos complementos nominais, tentando, porém, fazer diferença entre complementos e adjuntos pelo sentido expresso pelos conectivos, o que eu defendo aqui que não se aplica. Como vimos, o critério que adoto é puramente sintático.

Isso visto, observe os complementos nominais sublinhados nos exemplos a seguir:

- ☑ A fé <u>em Deus</u> e o medo <u>do Diabo</u> desenvolvem em muita gente o gosto <u>pela oração</u>.
- ☑ O cabelo <u>da minha tia Joana</u> foi pintado hoje.
- ☑ Os homens <u>de confiança do presidente</u> salvaram sua vida.
- ☑ O cachorro <u>da raça alemã</u> ganhou o concurso <u>de beleza</u>.
- ☑ Meu caderno <u>de caligrafia</u> tem uma capa <u>de plástico</u>.

Observe como todas essas estruturas sublinhadas complementam um nome, estão subordinadas a ele, mas sem a relação de concordância que caracterizaria os adjuntos. Agora, é a sua vez de encontrar complementos nominais no exercício seguinte:

Exercício 12: Destaque todos os núcleos geradores nominais das frases a seguir e sublinhe os complementos nominais que se relacionam a eles, quando houver:

a. O livro de Matemática custou mais caro que o fascículo de Português.
b. Minha esperança de melhoras foi por água abaixo...
c. João ganhou na loteria um prêmio em dinheiro.
d. As coisas antigas da minha mãe ficarão todas no museu da cidade.
e. A ânsia de vitória acabou levando o apostador ao terreiro de macumba.

O aposto

Já vimos dois sintagmas de natureza nominal que se relacionam ao nome, e isso pelos dois tipos de subordinação de palavras nominais a um nome possíveis na língua: com concordância e sem concordância (com uso de conectivo). Agora, a terceira e última forma possível de um sintagma nominal se relacionar a um nome é por coordenação. E é claro que a língua não iria desperdiçar essa forma de relacionamento sintático se ela é possível. Então, surge um sintagma que tem as seguintes características sintáticas para poder se relacionar por coordenação a um nome:

a. tem a mesma natureza do nome e seu núcleo; é, por isso, também um nome;
b. exerce a mesma função que o nome estiver exercendo na frase;
c. caso o nome esteja vinculado a um núcleo, esse sintagma estará vinculado ao mesmo núcleo.

Esse sintagma que imita o nome, que é "espelho sintático" do nome, é chamado de "aposto", ou seja, "aquele que está posto ao lado do nome como se fosse o próprio nome". Isso significa que o aposto e o nome são equivalentes na estrutura sintática. Por isso, *definir qual é, na verdade, o aposto é uma questão de escolha, pois os dois estão, de fato, apostos um ao outro*. Tradicionalmente, considera-se o termo entre vírgulas como sendo o aposto, mas isso é apenas tradição. Afinal, e se o sujeito que escreveu a frase não sabe usar as vírgulas? Brincadeiras à parte, na fala, em que não existem vírgulas, também existe o aposto e este vem com uma entonação especial, que dá a entender que estamos explicando um nome ou acrescentando uma informação a ele na frase. Talvez por isso alguns autores digam que o aposto é "o sintagma que traz uma informação nova", mas isso já não é um critério sintático. Por tudo isso, costumo dizer aos meus alunos que devemos identificar os dois termos como apostos, equivalentes, e que cabe a quem analisa dizer qual será chamado de "aposto" para fins de classificação, ou seja, mais para fins didáticos mesmo.

Veja os exemplos a seguir e observe atentamente:

a. como o aposto pode ocupar, inclusive, a mesma posição original do nome;
b. que, quando inverto as posições dos sintagmas apostos, o nome que é núcleo do aposto se torna a base e o nome base anterior passa a constituir o núcleo do aposto. Logo, que há uma inversão justamente porque os sintagmas são equivalentes em estrutura e função sintática;
c. que, aplicando o nosso conhecido teste de substituição do sintagma nominal por um pronome base, apenas as partes subordinadas ao núcleo caem com ele, mas o aposto, como não é subordinado, permanece inalterado;
d. como é possível se ter um aposto de um pronome base, confirmando que o pronome base funciona sintaticamente como se fosse um nome.

Nos exemplos, o nome e o aposto vêm sublinhados:

☑ O seu João, o dono do boteco, deve mil reais ao meu pai.
☑ O dono do boteco, o seu João, deve mil reais ao meu pai.
☑ Ele, o dono do boteco, deve mil reais ao meu pai.
☑ Ele, o seu João, deve mil reais ao meu pai.
☑ Meu pai comprou um carro muito esportivo, o lançamento da Fiat.
☑ Meu pai comprou o lançamento da Fiat, um carro muito esportivo.
☑ Meu pai comprou ele, o lançamento da Fiat.
☑ Meu pai comprou ele, um carro muito esportivo.

Não se incomode aqui com o "comprou ele": nos exemplos, trata-se apenas do teste de substituição pelo pronome base e, por isso, não há problema algum em escrever da maneira como falamos, afinal, é muito comum se falar "comprou ele" no Brasil, não é mesmo?

Chegou a sua vez de identificar os apostos nas frases do exercício que segue.

 Exercício 13: Nas frases seguintes, identifique os apostos e os nomes aos quais eles se ligam.

a. Minha irmã, a caçula, está muito desobediente.
b. O sujeito que fez a promessa, aquela da compra da casa, não apareceu mais.
c. Os elefantes, os maiores animais terrestres, estão correndo risco de extinção.
d. A polícia prendeu o fugitivo, o traficante de drogas.
e. Ela não comprou a bolsa, a da marca chique, mas comprou o tênis.

Que tal um pequeno *resumo dessa parte*? Creio que cairá bem neste momento:

- Em função das características dos nomes, existem apenas três maneiras possíveis de um sintagma nominal se ligar a um nome:
  - \> Por subordinação $\begin{cases} > \text{com concordância (1)} \\ > \text{sem concordância (com conectivo) (2)} \end{cases}$
  - \> Por coordenação (3)

- Cada uma dessas maneiras gera um tipo diferente de sintagma ligado a um nome:
  - \> (1) com concordância – adjunto
  - \> (2) sem concordância (com conectivo) – complemento nominal
  - \> (3) por coordenação – aposto

Assim sendo, *para poder classificar os sintagmas ligados aos nomes, precisamos verificar qual é o tipo de relação que se estabelece entre o nome e o sintagma. Verificar o tipo de relação existente é fazer a análise sintática.*

Finalmente, vale lembrar que essas não são as únicas formas de um sintagma qualquer se relacionar a um nome. Ainda temos o sintagma verbal, que se relaciona ao nome, e um tipo muito especial de sintagma nominal que se relaciona ao nome através do verbo de ligação. Mas, como dito anteriormente, adotei aqui, por várias razões, a visão mais comum de que o verbo é o núcleo da frase e, assim, como esses dois sintagmas só ocorrem em orações (frases com verbos), então, é mais pedagógico (e lógico) que eles apareçam adiante, quando falarei dos termos ligados ao verbo.

SINTAGMAS LIGADOS A VERBOS

Assim como fizemos com os nomes, vamos lá atrás, nas tabelas do capítulo "A organização da língua", para lembrar as características dos verbos:

Verbos	• São marcados em singular ou plural (marca de número) e de pessoa (1ª, 2ª ou 3ª [comi/comeste/comeu/comemos/comestes/comeram] • São marcados em passado, presente e futuro (marca de tempo) e indicam o modo como a ação é apresentada (marca de modo) [eu comi/eu como/eu comerei/se eu comer/coma!] • Quando estão ligados a um nome ou pronome que funcionem como a base do verbo, combinam com ele em número e pessoa [eu comi/nós comemos/a gente comeu] • Quando estão sozinhos, são sempre de 3ª pessoa [há muita gente aqui] • Quando estão servindo de base para um nome ou pronome, não combinam com ele

Essas características do verbo determinam:
a. sua natureza de predisposição em concordar com um nome;
b. o fato de que ele não exige concordância dos sintagmas que o completam.

Assim, é claro que a língua vai usar todas essas possibilidades e formar sintagmas que exploram isso. Vamos ver?

O sintagma nominal que manda no verbo

Já vimos que não existe esse negócio de termo "essencial" da frase, uma vez que existem frases sem verbos (frases nominais) e frases sem nomes (orações formadas por um único verbo como "Choveu."). Mas quando falamos de orações, o verbo é o único termo que não pode faltar e acredito que seja justamente por isso que muitos estudiosos dizem ser ele o "núcleo da oração". Já discutimos isso anteriormente e não é preciso retomar todos os argumentos aqui.

Mas o fato é que, a despeito de toda a tradição gramatical de valorização do verbo como palavra central, o verbo não é tão poderoso assim no português brasileiro: o nome é a palavra que mais interfere na estrutura e que sempre fica exigindo que as outras concordem com ela. Isso vale de um nome em relação a outros nomes e vale em relação ao verbo. Assim, mesmo que possa existir uma frase sem nome, quando ele aparece em uma dada posição da frase, ele é que manda no verbo. Essa posição é chamada de "sujeito". *O sujeito se define por ser o sintagma cujo núcleo exige a concordância por parte do verbo*. Essa concordância, como só poderia ser, em razão das características do verbo, será em número e pessoa. Veja os exemplos a seguir e observe como o verbo muda de número e pessoa quando mudamos o nome:

☑ O menino comeu o bolo.
☑ Os meninos comeram o bolo.

- ☑ Ninguém comeu o bolo.
- ☑ Tu comeste o bolo. (Tu comeu todo o bolo)
- ☑ Nós comemos o bolo.
- ☑ A gente comeu o bolo.
- ☑ Todos comeram o bolo.
- ☑ Quem comeu o bolo?

Como você viu, a função de sujeito também pode ser exercida por pronomes funcionando como base, tais como *eu, tu, ele, ninguém, alguém, quem, todos*, a gente etc. Quando esses pronomes forem do tipo *ninguém, alguém, todos, quem, qual*, etc., o verbo vai para a 3ª pessoa, pois tais pronomes têm essa marca.

A força do nome sobre o verbo é tanta que, quando **a frase não tem sujeito**, o verbo fica perdidinho... Sabe o que ele faz? Vai para a terceira pessoa, que é a pessoa sem marcação em nossa língua. É como se fosse uma pessoa "neutra", para usar em emergências. Isso é o que acontece com verbos como "haver" e "ser" em certas construções e com verbos que não admitem sujeito, como os chamados verbos de "fenômenos da natureza". Veja os exemplos:

Nos casos de frases que não apresentam sujeito, as gramáticas normativas apresentam uma série de ocorrências, dicas e restrições para o aluno decorar, e isso na tentativa de explicar a impessoalidade verbal. O fenômeno é um e único em todos os exemplos: a oração está sem sujeito. Logo, o verbo vai para a 3ª pessoa, não marcada.

- ☑ Choveu muito na noite de ontem.
- ☑ Troveja muito no verão.
- ☑ Há muitas pessoas aqui.
- ☑ É meia-noite agora.

Em todas essas estruturas não ocorre sujeito e este é o fato a ser obervado. Por falta de uma base para concordar, o verbo vai para a pessoa "neutra" da língua, a 3ª pessoa. Mas não vá confundir esse caso com outro comum, em que o sujeito existe, mas está marcado na desinência do verbo. Veja:

- Completamos as tarefas hoje. (nós)
- Correste muito ontem? (tu)
- Comprei uma jaqueta de couro novinha. (eu)

Nesses casos, o sujeito aparece marcado na desinência. Afinal, se não houvesse sujeito, não haveria como o verbo estar em outra pessoa que não fosse a terceira. A esse sujeito que vem marcado na desinência, podemos chamar de "**sujeito desinencial**".

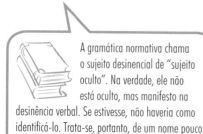

A gramática normativa chama o sujeito desinencial de "sujeito oculto". Na verdade, ele não está oculto, mas manifesto na desinência verbal. Se estivesse, não haveria como identificá-lo. Trata-se, portanto, de um nome pouco descritivo do fenômeno.

Finalmente, vale notar que alguns estudiosos contestam o fato de que o sujeito, quando aparece na frase, determina a concordância do verbo, utilizando exemplos como "Os boi vai." (ao invés de "Os bois vão.") ou "Acabou as balas." (em vez de "Acabaram as balas."), comuns na fala coloquial. Esses estudiosos dizem que essa "transgressão" na concordância mostra que ela não é importante para identificar o sujeito. Vamos verificar essa contestação com mais calma, agora.

Como já vimos aqui, a língua possui uma hierarquia das regras que definem as marcas de concordância. Há marcas mais importantes, que nunca podem ser violadas (como é o caso de gênero para os nomes), e outras menos importantes, que podemos violar na fala coloquial, por motivos de *economia linguística*. Em relação aos verbos, é comum a gente violar a concordância de número na fala, mas não é correto violar a concordância de pessoa. Nunca se verá um falante nativo da língua dizendo "Acabaste as balas." ou "Acabamos as balas." querendo dizer, com isso, "As balas acabaram.". Por que ele não pode fazer isso? Porque há uma concordância obrigatória do verbo com o núcleo do sujeito que ele não pode violar, uma concordância de pessoa, estabelecida numa hierarquia.

Bem, então, como explicar frases coloquiais como "Nós vai" e "Tu vai". Pelo mesmo princípio. Todos nós já sabemos que as línguas mudam, que elas evoluem como tempo. Existem períodos, nessa evolução, chamados "períodos de transição" de uma estrutura (pois a língua está sempre em transição como um todo), em que mais de uma forma de uma mesma estrutura estão convivendo juntas. Isso está acontecendo hoje no português brasileiro, de forma muito interessante com os verbos.

Há uma tendência clara e atual de simplificação do português brasileiro falado em relação às listas de possibilidades verbais da língua. É quase impossível achar alguém usando tempos como o passado mais-que-perfeito simples (comera, falara, dissera). A segunda pessoa do singular já está consolidada com a flexão da terceira em muitos estados brasileiros (como "tu vai"/"tu fez"/"tu viu") e a extinção de certas flexões está em andamento em alguns falares (como "nós vai", em vez de "nós vamos"/"eles vai", em vez de "eles vão"). Isso é possível porque as regras de concordância estão mudando nesses falares. E por que elas estão mudando? Porque as listas (paradigmas) da língua estão sendo mudadas. Lembre-se: *quando as propriedades das palavras mudam, a língua tem que adaptar sua estrutura, e as regras da sintaxe também mudam.*

E, aí, você me pergunta: Quando essas alterações chegarão à escrita? Escrever assim não é errado? Bem, quando (ou "se") essas coisas chegarão à escrita é muito difícil prever. Talvez demore anos, talvez décadas, talvez nunca cheguem, talvez algumas coisas venham a ser aceitas e outras não. E se isso é errado de escrever? Sim, é errado de escrever em certas situações. Quando usamos a escrita em situações formais (como na escrita de um documento oficial, um trabalho acadêmico ou um convite de casamento, por exemplo), devemos seguir o padrão de concordância da chamada "variante culta". Porém, se vamos escrever, por exemplo, um bilhete de brincadeira para nossa namorada ou nosso namorado, podemos ter liberdade com nossa escrita perguntando se "Nóis vai no cinema hoje?", pois a outra pessoa entenderá que se trata de um convite em forma de brincadeira, ou de uma provocação, enfim, de algo que não está atrelado a padrões rígidos de escrita. Uma concordância assim (*nós vai*) já não seria bem vista em um relatório da Presidência da República.

Mas esse não é o fato mais importante aqui. O fato mais importante é verificar se a língua está mudando seu padrão gramatical de estruturação da relação sujeito > verbo e a resposta é: por enquanto não. Por enquanto, as pesquisas mostram que as alterações existentes respondem – todas – a um mesmo padrão que respeita a hierarquia das marcas gramaticais e as mudanças nos paradigmas feitas em certos falares, nada mais. Não há mudanças que apontam para o fato de que o verbo não assume mais concordância nenhuma com o sujeito nunca. Isso sim seria uma mudança muito forte na estrutura da língua! Inclusive, outra forma de diferenciar sujeito e complemento verbal terá que aparecer quando e <u>se</u> essa mudança for adotada pela língua. Quem sabe, um dia, a concordância sujeito > verbo em nossa língua ficará parecida com a de línguas em que isso é feito de forma mais simples, como o inglês, por exemplo, em que a concordância exige mudanças apenas em algumas pessoas e apenas em certos tempos. Mas, essa informação, aqui, é apenas para complementar o assunto. O que eu desejo ver, mesmo, é se você consegue identificar, nas orações a seguir, quando há o sujeito, quando ele é desinencial e quando não há sujeito. Vamos lá?

Exercício 14: Sobre as frases a seguir, escreva nos espaços:
- "P", se o sujeito estiver presente na frase (então, sublinhe o sujeito);
- "D", se o sujeito for desinencial e;
- "SS", se for uma oração sem sujeito:

a. João gosta muito de camarão. [   ]
b. Acabamos com o time deles. [   ]
c. Ninguém sabe a tarefa de casa. [   ]
d. Trovejou a noite toda. [   ]
e. Há muitas coisas a fazer ainda hoje. [   ]
f. João e Maria serão expulsos da escola. [   ]
g. Não sabias esta, rapaz! [   ]
h. Chove muito na Amazônia. [   ]

O complemento essencial ao verbo

Outro tipo de sintagma nominal que se relaciona ao verbo é regido por este. Ou seja, agora o verbo é a base e, como você já sabe, o verbo não exige concordância de nenhum sintagma que ele rege. Esse sintagma é chamado de "**complemento verbal**", pois, do ponto de vista semântico, ele completa o sentido do verbo e isso de uma forma essencial. Ou seja, o que é expresso pelo complemento verbal diz respeito à *essência semântica* do verbo. Vamos fazer uma diferenciação aqui, para deixar isso mais claro. Observe os exemplos a seguir:

> A gramática tradicional chama esses sintagmas de "objeto direto" (quando não apresenta preposição) e de "objeto indireto" (quando apresenta preposição). Essa nomenclatura é muito ruim e atrapalha os alunos mais novos, que usam cotidianamente a palavra "objeto" com outro sentido. Pesquisas com ressignificação de palavras na escola têm mostrado como esse nome "objeto" atrapalha a compreensão dos alunos nesse caso. Por isso, recomendo fortemente que não seja usada essa terminologia, mas apenas "complemento verbal", que, aliás, é bem comum entre os linguistas.

> ☑ João comeu <u>muito</u> <u>hoje</u>.
> ☑ João comeu <u>bolo de fubá</u> <u>aqui</u>.
> ☑ João comeu <u>a torre</u> <u>na oitava jogada</u>.

Veja que o verbo "*comer*" aparece com vários complementos diferentes nos exemplos: "*muito*", "*hoje*", "*bolo de fubá*", "*aqui*", "*a torre*", "*na oitava joga-da*". Mas, observe que os complementos "*muito*", "*hoje*", "*aqui*" e "*na oitava jogada*" parecem ser informações adicionais, ligadas a questões secundárias, *circunstanciais*. Analisemos: se "*comer*", no primeiro exemplo, é entendido como "*alimentar-se*", as informações dadas por "*muito*" e "*hoje*" não mudam em nada essa essência do verbo, ou seja, a ação de "*comer*" é mesmo "*alimentar-se*". No segundo exemplo, "*bolo de fubá*" me dá a certeza de que a ação é "*alimentar-se*" e, se isso aconteceu aqui, ali ou acolá, em nada isso muda a essência da ação desenvolvida, que ainda é *"alimentar-se"*. Mas, no terceiro exemplo, *"a torre"* define outra essência para o verbo, que não é mais de *"alimentar-se"*, e sim de *"uma ação do jogo de xadrez"*. Observe que *"comer a torre"* será sempre a mesma ação se isso acontece na primeira, na oitava, na décima ou na milésima jogada. Ou seja: a informação dada por *"a torre"* influencia na compreensão da essência semântica do verbo muito mais do que a informação dada por *"na oitava jogada"*.

Assim, vale a pena verificar que os verbos podem trazer vários complementos verbais ligados a si, mas complementos de naturezas diferentes: uns *essenciais*, outros *circunstanciais*. O mais comum é que haja um ou dois complementos, normalmente um com conectivo e um sem conectivo. Mas, pode haver mais de dois, os dois sem conectivo, os dois com conectivo e assim por diante.

Vamos ver mais alguns exemplos de frases em que aparecem os complementos verbais? Procure verificar como esses complementos respondem a uma necessidade de sentido do verbo. É quase como se eles fizessem "parte obrigatória" do verbo, como se o verbo os exigisse para definir seu próprio sentido. Eles aparecem sublinhados:

- ☑ João comprou <u>uma casa de campo</u>.
- ☑ Maria gosta <u>de doce de amendoim</u>.
- ☑ Eu vi <u>dois pássaros estranhos</u> naquela árvore.
- ☑ O homem cortou <u>a árvore</u> hoje.
- ☑ A menina sujou <u>seu vestido novo</u>.

O que eu quis dizer quando afirmei que "é quase como se eles fizessem 'parte obrigatória' do verbo, como se o verbo os exigisse para definir seu próprio sentido"? É que, na verdade, podemos ver como o complemento verbal define grande parte da ação verbal. Veja os exemplos seguintes:

- a. João morreu <u>de rir</u>.
- b. João morreu <u>de gripe espanhola</u>.
- c. João morreu <u>de raiva da Maria</u> hoje.

- d. João cortou <u>seu dedo</u>.
- e. João cortou <u>minha palavra</u>.
- f. João cortou <u>os gastos da casa</u>.

Responda: *"morrer"* tem o mesmo sentido nos exemplos *a*, *b* e *c*? Claro que não! Aliás, em dois exemplos (*a*, *c*) nem se está falando de morrer no sentido de "*perder a vida*". Da mesma forma, nos exemplos *d, e,* e *f*, "*cortar*" não tem o mesmo sentido: uma vez é cortar "*ferir*", outra é cortar "*impedir*" e na outra é cortar "*diminuir*".

Como sabemos dessas diferenças no sentido do verbo? Em razão da complementação de sentido que o complemento verbal proporciona (viu como esse nome é melhor do que "objeto"?). Assim, o complemento verbal ajuda a definir o sentido do verbo, ele é essencial ao verbo, é como se fizesse parte obrigatória do verbo. E, por isso, não adianta decorar **as listas de verbos das gramáticas**, para saber quais são os verbos que exigem complementos e quais os que não exigem complementos. Na prática, temos que analisar isso na própria frase, de acordo com o uso que foi feito do verbo e o sentido que ele apresenta.

Finalmente, podemos verificar que, às vezes, o complemento vem ligado ao um verbo por um conectivo, às vezes vem sem conectivo. Para o complemento verbal isso não faz a menor diferença sintática, pois o conectivo não precisa usar sua capacidade de proteger o complemento verbal de alguma forma de concordância, uma vez que o verbo não exige concordância dos termos que se ligam a ele. Então, nesse caso, não

Nas gramáticas tradicionais, verbos que aparecem com complemento são chamados de "transitivos" e verbos que não exigem complemento são chamados de "intransitivos". Na verdade, o verbo não exige nada: ele é usado ou não com complemento, em função do sentido que se quer para cada frase. Ainda, se faz diferença entre os "transitivos diretos" (sem conectivo) e os "transitivos indiretos" (com conectivo). Sintaticamente, essa diferenciação é irrelevante, pois, como vimos, o verbo não exige concordância do complemento. Bastaria dizer, então, "verbo usado com complemento" e "verbo usado sem complemento".

vale a pena o esforço de fazer diferença entre um complemento verbal com e um sem conectivo. Se o aluno for capaz de identificar o complemento verbal, isso já é mais do que suficiente, já que a função do conectivo, nesse caso, é apenas no campo do sentido, como vimos lá no capítulo "A organização da língua".

Então, que tal você identificar os complementos verbais nas frases do exercício 15?

Exercício 15: Destaque os verbos e sublinhe os complementos verbais das frases a seguir:

a. João quebrou sua perna direita.
b. Os cavalheiros sabem do que as damas gostam.

c. As lavadeiras trouxeram muita roupa suja.
d. Quem conhece o amigo do Pedro Paulo?
e. O trator vai derrubar os barracos.
f. O trator vai derrubar as esperanças dos posseiros.
g. Ninguém falou a verdade no tribunal.

Um complemento verbal muito diferente...

Já sabemos que os verbos não exigem a concordância da parte dos seus complementos. Mas existe um verbo diferente, que só ocorre quando a frase tem sujeito identificável, mesmo que seja subentendido ao longo do discurso (Por exemplo: alguém fala "*É lindo!*", se referindo ao meu cachorro. Nesse caso, subentendemos que a frase seria "*Ele é lindo!*" ou "*Seu cachorro é lindo!*", entre outras possíveis.). Trata-se de um verbo tão diferente que deixa a concordância exigida pelo núcleo do sujeito atravessá-lo e chegar ao complemento verbal. Voltando a um conceito que já vimos, podemos dizer que esse verbo faz com que seu complemento assuma a forma de uma "*posição concordante*" com o sujeito. Isso mesmo: é como se fosse um verbo "transparente"! É incrível isso! Esse verbo é chamado de "verbo de ligação".

Como disse, ele não ocorre em qualquer tipo de frase. É preciso que haja o sujeito e que haja um complemento verbal. Compare os exemplos a seguir e descubra qual é o verbo de ligação:

- ☑ João ganhou um gato.
- ☑ João e Maria ganharam um gato.
- ☑ Maria ganhou um gato.

- ☑ João é um gato.
- ☑ João e Maria são gatos.
- ☑ Maria é uma gata.

O que está acontecendo nos exemplos? Com o verbo "ganhar" (*ganhou/ganharam*), o sujeito pode ser masculino, feminino, singular ou plural, não importa: o complemento é sempre "*um gato*". Já com o verbo "*ser*" (*é/são*), quando o sujeito é masculino, o complemento é masculino, quando é feminino, o complemento é feminino, quando o sujeito é plural, também muda o complemento. Ou seja, o complemento verbal está combinando com o sujeito! Que coisa essa... Creio

114 Sintaxe para a educação básica

que é justamente por isso que, tradicionalmente, esse verbo é chamado de "*verbo de ligação*": porque ele aparentemente "liga" o sujeito ao complemento verbal.

Nesse caso, quando o verbo deixa passar a concordância do núcleo do sujeito, dizemos que a base de concordância do complemento verbal é o próprio sujeito. Esse complemento verbal "especial", que está concordando com o sujeito, pode ser chamado de "*complemento verbal predicativo*", pois, embora ele continue não concordando com o verbo (como qualquer complemento verbal), ele ocorre em uma posição concordante em relação ao núcleo do sujeito.

Além do verbo "*ser*", existem outros verbos que funcionam, de vez em quando, como se fossem verbos de ligação, mas isso dependendo do sentido que eles receberem na frase. Por exemplo, os verbos "*estar*", "*parecer*" e "*continuar*", entre outros.

Agora, observe as frases a seguir:

- ☑ Seu miolo parece de pedra.
- ☑ Seu miolo parece pétreo.

- ☑ Estes pedidos parecem de mãe.
- ☑ Estes pedidos parecem maternais.

- ☑ Maria continua um trator no trabalho.
- ☑ Maria continua "tratoresca" no trabalho.

Quando analisamos esses pares de exemplos, vemos que os complementos "*de pedra*", "*de mãe*" e "*um trator*" têm "cara e boca" de complemento verbal predicativo, mas alguma coisa de diferente acontece neles. Pode-se até colocar um complemento que concorda com o núcleo do sujeito (pétreo/maternais/"tratoresca") e, realmente, ele passa a concordar. Fazendo a substituição, a gente logo constata que essa posição é mesmo uma *posição concordante*, mas os complementos que estão no primeiro exemplo de cada par não concordam com o núcleo do sujeito (miolo ≠ de pedra/pedidos ≠ de mãe/Maria ≠ um trator). Por quê?

Já vimos, no capítulo passado, que o fato de uma posição ser concordante não significa que a palavra ou as palavras que a preencham estejam *explicitamente* em concordância com o núcleo gerador. Isso ocorre porque existem certas palavras e expressões na língua que apresentam restrições de concordância: ou não têm masculino, ou não têm feminino, ou não têm plural. A nossa maquininha de processar a gramática da língua, aquela que processa nossa gramática internalizada, entende isso não como um erro, mas como uma exceção, e dá permissão para que essa estrutura seja aceita como normal. Tanto que, se a gente tira a palavra com restrição e coloca outra que pode concordar, imediatamente, nossa maquininha manda essa nova palavra concordar. É justamente isso o que acontece aqui.

Então, podemos concluir que *toda lacuna destinada a um complemento verbal predicativo é concordante*, embora ela possa ser preenchida, às vezes, por palavras ou expressões que não tenham possibilidade de concordar com o núcleo do sujeito. Veja que "pedra" não tem "pedro" (como masculino de "pedra"), para concordar com "miolo", "mãe" não pode ser trocado por "pai" nesse exemplo, o que mudaria totalmente o sentido, e "trator" não tem "tratora", para concordar com Maria. É só por isso que esses complementos verbais predicativos não estão explicitamente concordando com os núcleos dos sujeitos em cada frase.

Então, agora é sua vez de localizar os complementos verbais predicativos nas frases a seguir. Lembre-se de que *somente há complemento verbal predicativo se a posição do complemento for concordante* com o núcleo do sujeito.

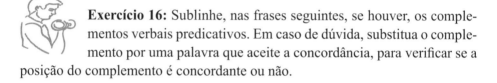

Exercício 16: Sublinhe, nas frases seguintes, se houver, os complementos verbais predicativos. Em caso de dúvida, substitua o complemento por uma palavra que aceite a concordância, para verificar se a posição do complemento é concordante ou não.

a. Maria parece bem doente hoje.
b. Esta é uma questão de suma importância.
c. Todos devemos ser bons cidadãos.
d. Nem todos estavam felizes no passeio.
e. Os homens são os mais teimosos dos seres.
f. Aquele óculos de sol é muito caro.
g. João permanece suspenso das aulas.
h. Esse João é uma mala sem alça!

Quando é o agente que completa o verbo

Uma língua precisa dar conta de expressar tudo o que os falantes exigem. Se existe alguma coisa para eles falarem, a língua tem que dar conta. E é incrível que todas as línguas, cada uma ao seu modo, consegue isso! Assim não faz muito sentido dizer que uma língua é mais difícil ou complexa que outra. As línguas servem a seus falantes, todas elas, de maneira satisfatória. Para isso, cada língua

116 Sintaxe para a educação básica

usa os recursos que tem, faz adaptações se preciso (como no caso do complemento verbal predicativo) e acaba conseguindo uma fórmula eficiente. Por isso, para começar esta seção, precisamos conversar um pouco sobre a voz passiva do verbo.

Em nossa língua, não há marcas morfológicas nem construções locucionadas de verbos para indicar mudanças da voz verbal (ativa, passiva etc.). Mas, as gramáticas tradicionais do português trazem capítulos sobre a voz passiva... Agora, portanto, cumpre analisar com mais vagar essa diferença de nomenclatura entre o que proponho aqui e o que aparece nas gramáticas tradicionais.

Como disse anteriormente, esse tipo de estrutura, chamado "passiva" nas gramáticas normativas, o é com base no que se pensa ser a "voz passiva" do verbo no português brasileiro. Isso porque existe a crença de que o português brasileiro tem uma "voz passiva" para os verbos, como o tinha o latim. Quando analisamos isso com mais calma, vemos que não é bem assim.

Para que um verbo seja expresso em uma voz específica (a passiva, por exemplo), deve haver algum morfema ou, no mínimo, alguma marcação/convenção específica pré-definida na língua (como ocorre com a marcação de pessoa nos nomes do português), ou mesmo uma construção verbal locucionada, que permita que ele seja identificado como passivo. No latim, essa marcação era morfológica e/ou por locução com o verbo ser. Veja como isso funcionava tomando como exemplo o verbo *ler* (*legere*). Observe como a forma ativa é claramente diferente, na morfologia, da forma passiva:

Tempo	Voz ativa (indicativo)	Voz passiva (indicativo)
Presente	*lego (leio)*	*legor (sou lido)*
Imperfeito	*legebam (lia)*	*legebar (era lido)*
Perfeito	*legi (li)*	*lectus sum (fui lido)*
Mais-que-perfeito	*legeram (lera)*	*lectus eram (fora lido)*
Futuro 1º	*legam (lerei)*	*legar (serei lido)*
Futuro 2º	*legero (terei lido)*	*lectus ero (terei sido lido)*

Infinitivo	*legere (ler)*	*legi (ser lido)*
Particípio	*legens (lido)*	*lectus (lido)*
Gerúndio	*legendo (lendo)*	–

No português brasileiro, não há nada parecido com isso. Não há morfemas verbais que diferenciam verbos "passivos" dos "ativos". Se tomarmos outra língua como parâmetro, por exemplo, uma língua viva e atual como o inglês, encontraremos construções na forma de *locuções verbais* para construir as formas passivas

Os diferentes tipos de sintagmas **117**

(a chamada *passive voice*). Veja a diferença de estruturas ativas para as passivas. Vamos tomar aqui o verbo "pintar" apenas na 3º pessoa singular, na forma afirmativa (como em "*João pinta a casa.*"/"*John paints the house.*"):

Tempo	Voz ativa (indicativo)	Voz passiva (indicativo)
Simple Present	*paints (pinta)*	*is painted (é pintada)*
Present progressive	*is painting (está pintando)*	*is being painting (está sendo pintada)*
Simple past	*painted (pintou)*	*was painted (foi pintada)*
Past progressive	*was painting (estava pintando)*	*was being painted (estava sendo pintada)*
Simple future	*will paint (pintará)*	*will be paint (será pintada)*
Presente perfect	*has painted (tem pintado)*	*has been painted (tem sido pintada)*
Past perfect	*had painted (tinha pintado)*	*had been painted (tinha sido pintada)*
Future perfect	*will have painted (terá pintado)*	*will have been painted (terá sido pintada)*

Mais uma vez, temos diferenças nas formas verbais que, no inglês, aparecem com locuções usando o verbo "*to be*" (ser/estar) e formas verbais em gerúndio e particípio. Porém, isso também não acontece no português brasileiro. O que acontece em nossa língua? O que se tem chamado de voz passiva, erroneamente, é o uso do verbo "ser" seguido de um adjetivo. Mas, gramaticalmente, não há possibilidade de uma locução verbal formada de *verbo + adjetivo* na nossa língua! E por que não? Porque o adjetivo é uma palavra nominal e, por isso, é marcado em gênero. E os verbos nunca são marcados em gênero no português. Isso faz parte da tematização dessas palavras e quebrar essa regra seria alterar profundamente a morfologia da língua. Já vimos, no primeiro capítulo, como isso é simples: palavras nominais têm como sua principal marca o gênero; palavras verbais, o tempo; e os advérbios, a inflexão.

Nas estruturas que usamos para traduzir as passivas de outras línguas, temos uma construção do tipo "*Maria foi mordida.*"/"*João foi mordido.*", em que é mais do que evidente que as palavras "*mordida*" e "*mordido*" não são verbos, mas adjetivos (palavras nominais, inclusive com desinência de gênero), e em que o verbo "*ser*" (*foi*) está na única "voz" possível na língua, a ativa: "*Maria foi bonita.*"/"*Maria foi mordida.*". Ou seja, embora esta seja a maneira que nossa língua utiliza para traduzir as passivas de outras línguas, isso não significa que essa seja realmente uma forma verbal passiva, pois nem uma forma verbal ela é.

Finalmente, observe que coisa interessante ocorre aí: em frases desse tipo, não há um verbo que expresse a ação principal da frase. O verbo que ocorre, como vimos, é o verbo "ser", e a ação está subentendida a partir do adjetivo. Olhe esses exemplos:

☑ Maria foi processada pelo ex-marido.
☑ João foi aplaudido pela multidão.
☑ José foi contratado pela Petrobras.

Que ações ocorreram em cada uma das frases? Na primeira, o ex-marido de Maria a processou, na segunda, a multidão aplaudiu João e, na terceira, a Petrobras contratou José. Mas, os verbos *"processar"*, *"aplaudir"* e *"contratar"* não aparecem nas orações! Como entendemos as ações? Isso é possível porque a ação é compreendida a partir do adjetivo, ou seja, as ações expressas na frase são subentendidas nos adjetivos *"processada"*, *"aplaudido"* e *"contratado"*. Se a gente prestar mais atenção na língua, vai perceber como isso é comum. Nas frases abaixo, observe como sabemos o que aconteceu apenas entendendo os adjetivos que aparecem:

☑ A missão está concluída. (Porque alguém a concluiu.)
☑ A mesa está enfeitada. (Porque alguém a enfeitou.)
☑ O cavalo foi domado. (Porque alguém o domou.)
☑ Lição aprendida! (Porque alguém a aprendeu.)

Agora, com base nisso, passaremos a ver como a língua usa essa forma de construção para expressar um dos casos mais interessantes de complementação verbal, que é aquele que ocorre quando o agente da ação, ou seja, quem faz aquilo que é expresso pela frase, está representado pelo complemento verbal. Normalmente, o agente é representado no sujeito, como nos exemplos a seguir:

☑ João quebrou o vaso.
☑ Maria pintou o banheiro.
☑ Um carro atropelou o cachorrinho da minha tia.

Em nossa língua, essa é a maneira mais comum, mais corriqueira, de construir frases com verbos que expressam uma ação. Mas, existe outra possibilidade? Por exemplo, a de fazer o **agente ir para a posição de complemento verbal**, de forma que se dê mais enfoque àquilo que sofreu a ação expressa no

Como vimos, a gramática tradicional chama essa estrutura de *"voz passiva"*. Mas, isso é grandemente equivocado, uma vez que não há marca morfológica de voz passiva no português. O verbo está na voz ativa (foi) e a palavra que o sucede é claramente um adjetivo, concordante com o núcleo do sujeito. Observe que essa é a mesma estrutura que ocorre em um *"complemento verbal predicativo"*, bem diferente do que se esperaria de um *"particípio verbal"*. Assim, temos algo bem distinto do que afirma a crença tradicional.

verbo do que a quem fez a ação? Sim, existe essa possibilidade! E a gente faz isso sempre com o verbo "ser", em uma estrutura fixa construída assim:

Algo/alguém *foi* alguma coisa *por* algo/alguém
   nome   ***adjetivo***   ***nome***

Ou, de maneira mais resumida:

X(nome) **ser** *Y(adjetivo)* **por** *W(nome)*

Nesse caso, as frases que têm uma estrutura como essa ficam assim:

- ☑ João quebrou o vaso.
- ☑ O vaso foi quebrado por/pelo João.

- ☑ Maria pintou o banheiro.
- ☑ O banheiro foi pintado por/pela Maria.

- ☑ Um carro atropelou o cachorrinho da minha tia.
- ☑ O cachorrinho da minha tia foi atropelado por um carro.

Observação: lembre-se de que *"pelo"* é composto de *por* + *o* e *"pela"* é composto de *por* + *a*.

Como podemos ver nesses exemplos, todos eles seguem a mesma estrutura padrão. Vamos comprovar?

- ☑ O vaso foi quebrado por/pelo João.
     x   *ser*   y   *por*   w
   nome   adjetivo   nome

- ☑ O banheiro foi pintado por/pela Maria.
      x   *ser*   y   *por*   w
    nome   adjetivo   nome

- ☑ O cachorrinho da minha tia foi atropelado por um carro.
           x   *ser*   y   *por*   w
         nome   adjetivo   nome

120 Sintaxe para a educação básica

Analisando esses dois complementos verbais que aparecem nesse tipo de estrutura, podemos constatar que o primeiro, que é um adjetivo e que concorda sempre com o núcleo do sujeito, é um *"complemento verbal predicativo"*. E o segundo, que funciona como agente? Podemos chamar esse complemento de *"complemento verbal agente"*.

> A gramática tradicional chama esse sintagma de "agente da passiva", mas vimos que esse nome é inadequado em uma língua que não tem marca de voz passiva.

Mas, muita atenção: o complemento verbal agente só ocorre, ou seja, é um tipo de sintagma que só é possível nesse tipo dessa estrutura padronizada. Observe os exemplos e veja a diferença:

- ☑ João apanhou de Maria.
- ☑ Maria reprovou em Matemática.
- ☑ O menino sofreu com a bronca do pai.

É claro que, nesses três exemplos, a ação expressa pelo verbo não foi praticada pelo sujeito. No primeiro exemplo, foi Maria que bateu, no segundo, foi o professor que reprovou Maria e, no terceiro, foi o pai que deu a bronca no menino. Não é correto dizer que *"João cometeu a ação de apanhar"*, que *"Maria cometeu a ação de ser reprovada"* nem que *"o menino cometeu a ação de levar uma bronca"*. É que o que estamos analisando aqui não é, apenas, o sentido da frase. Não é o fato de que não seja o sujeito quem comete a ação que cria o sintagma chamado *"complemento verbal agente"*: é o fato de que existe uma estrutura sintática específica, com dois complementos verbais, em que o primeiro é sempre um *complemento verbal predicativo* e o segundo é sempre um *complemento verbal agente*. Ou seja: *nosso critério de análise sintática deve ser sempre sintático* e, nesse caso, fica claro que o complemento verbal agente só aparece nessas estruturas do tipo *x ser y por w*.

Finalmente, observe que o *complemento verbal agente* é muito mais parecido com um complemento verbal simples, pois ele não concorda com nenhuma base, nem com o núcleo do sujeito, nem com o verbo (o que, aliás, nunca acontece com complemento verbal algum).

Vamos aproveitar e construir um quadro resumo dos complementos verbais? Creio que esse quadro nos ajudará a fixar as diferenças entre os três tipos de complementos verbais que estudamos:

Tipo	Características	Exemplos (sublinhados)
complemento verbal (simples – com ou sem conectivo inicial)	Não concorda com o verbo e é por este regido. Ocorre com ou sem conectivo. Semanticamente, expressa um sentido essencial ao sentido do verbo.	João comeu o bolo. João gosta de José.
complemento verbal predicativo	Assume uma posição complementar ao verbo, mas concordante com o sujeito. Aparece em construções com verbos de ligação.	Maria é bonita. João parece saudável.
complemento verbal agente	Não concorda com o verbo e é por este regido, mas somente aparece em construções padronizadas do tipo "X ser Y por W", em que W é o agente da ação expressa na frase.	Maria foi agredida pelo ladrão.

Pois agora é você quem deve identificar se há complementos verbais agentes nas frases que seguem:

Exercício 17: Nas frases seguintes, sublinhe o complemento verbal predicativo e o complemento verbal agente, se eles ocorrerem, escrevendo [P] abaixo do primeiro tipo e [A] abaixo do segundo tipo:

a. A bela donzela foi estrangulada pelo assassino da lanterna verde.
b. A lição não foi acabada pelos alunos.
c. O homem apanhou do seu rival.
d. A doença maltratou muito meu tio.
e. As coisas foram bem explicadas pelo advogado.
f. Ninguém foi punido pela destruição no estádio de futebol.

Um complemento de caráter circunstancial

Vimos, até aqui, três tipos de complementos verbais diferentes: um simples (que ocorre com ou sem conectivo), outro que concorda com o núcleo do sujeito e um terceiro, que só aparece em uma estrutura muito bem definida e que expressa o papel temático de agente da ação expressa pela frase. Agora, vamos ver outro tipo de complemento, que parece não ser exigido pelo verbo, que parece não fazer parte essencial do verbo, que não modifica muito o sentido atribuído do verbo na

122 Sintaxe para a educação básica

frase, ou seja, que parece muito mais ser um complemento "circunstancial". Veja os exemplos a seguir e observe atentamente as partes sublinhadas:

- ☑ Meu tio andou de Ferrari <u>ontem</u>.
- ☑ As meninas acharam uma caneta <u>de manhã</u>.
- ☑ As pessoas gostam muito de doce <u>em Minas Gerais</u>.
- ☑ João <u>não</u> comeu verdura <u>no almoço</u>.
- ☑ O responsável pela vigilância dormiu <u>serenamente</u> <u>à noite</u>.
- ☑ Os animais do zoológico comem <u>de forma balanceada</u>.
- ☑ Eu passeei de moto <u>com minha prima</u>.

Sobre essas partes sublinhadas, podemos ver que:

a. todas estão ligadas ao verbo;
b. não existe concordância entre elas e o verbo;
c. algumas são ligadas diretamente ao verbo e outras por conectivo.

Essas características as definem como complementos. Porém, podemos ver que, diferentemente do que acontece com os complementos verbais, que são essenciais, complementam e até alteram o sentido do verbo, aqui as ideias parecem muito mais "acessórias". São ideias importantes para o sentido geral da frase, é claro, pois trazem informações importantes. Mas, em relação ao sentido estrito do verbo, elas não fazem muita diferença. Então, vejamos:

- ☑ Meu tio andou de Ferrari <u>ontem</u>. = a ideia da parte sublinhada, aqui, é de tempo. A ação de "andar de Ferrari" parece ser a mesma coisa ontem, hoje ou amanhã;

- ☑ As meninas acharam uma caneta <u>de manhã</u>. = mais uma vez a ideia é localizar a ação no tempo. A ideia essencial da ação de "achar uma caneta" parece não ser diferente de manhã, de tarde ou de noite;

- ☑ As pessoas gostam muito de doce <u>em Minas Gerais</u>. = a ideia aqui se refere a uma localização espacial, uma ideia de lugar. Porém, a ação de "gostar de doce" não parece se diferenciar pelo fato de ser em Minas, São Paulo ou na China, embora os doces possam até ser diferentes em cada lugar;

☑ João <u>não</u> comeu verdura <u>no almoço</u>. = há duas ideias diferentes, uma em cada parte sublinhada aqui. A primeira é de negação e a segunda, de ocasião. De toda forma, a ação de "comer verdura" não muda sendo feita ou não sendo feita. Se não for feita, ela deixa de existir, mas a ação em si não muda quando for feita. Veja que, em casos como esse, negar a ação não é modificá-la, mas apenas não fazer algo. Da mesma forma, se isso acontece no almoço, no jantar ou entre as refeições, ainda assim é "comer verdura";

☑ O responsável pela vigilância dormiu <u>serenamente</u> <u>à noite</u>. = Aqui, temos duas ideias: uma de modo, de *forma de fazer*, e outra de tempo. Sobre o tempo, já falamos. A ideia de modo diz a forma como a ação foi realizada. Talvez, seja a ideia que mais interfere no sentido do verbo na frase, mas, ainda assim, não muda o sentido básico da ação, que continua sendo a ação de "dormir". Vamos comparar com os exemplos a seguir para ver se isso procede:

a. João dormiu <u>a noite toda</u>. (O sentido do verbo ainda é de "dormir". A parte sublinhada não muda o sentido básico do verbo e dá ideia de tempo para a ação.)

b. João dormiu <u>serenamente</u>. (O sentido do verbo ainda é de "dormir". A parte sublinhada não muda o sentido básico do verbo e dá a ideia de modo, maneira como a ação foi feita.)

c. João dormiu <u>no ponto</u> e o ônibus passou. (O sentido do verbo ainda é de "dormir". A parte sublinhada não muda o sentido básico do verbo e dá a ideia de lugar onde a ação ocorreu.)

d. João dormiu <u>um sono pesado</u>. (Agora, vemos que o verbo "*dormir*" não aparece mais com um sentido intransitivo (*quem dorme, dorme e ponto final.*) Agora o sentido geral da frase exige uma complementação para o verbo, pois esse é um uso tradicional do verbo dormir (que não é previsto nas gramáticas normativas em geral, mas que é muito comum no Brasil) em que se exige explicitar "que sono" efetivamente foi dormido. A ideia, nesse uso do verbo "*dormir*", parece ser de que as pessoas não simplesmente dormem, elas dormem um sono que não é o mesmo sono sempre.

Ou seja, dormir não é sempre a mesma coisa, pois as pessoas "não dormem o mesmo sono" todas as vezes, mas diferentes tipos de sono – um "sono leve", um "sono feliz", um "sono pesado", um "sono sentido", um "sono de morte", um "sono apaixonado", um "sono cansado" etc.

Como se vê, aqui o complemento faz diferença real para o verbo, é por ele exigido, diferentemente do que acontece com os exemplos anteriores. Mas, já que estamos falando do verbo "*dormir*", vamos aproveitá-lo e verificar outro tipo de modificação que pode ocorrer nessa junção de verbos e complementos. É quando se forma uma estrutura fixa, em que o verbo e o complemento não podem ser separados, em que o complemento não pode ser substituído por outro sem prejuízo para o sentido atribuído ao verbo. Veja o exemplo:

☑ João dormiu <u>no ponto</u> e perdeu seu emprego.

Aqui, o sentido do verbo não é mais de "dormir", mas de "não estar atento", "perder uma oportunidade". Aqui, a parte sublinhada muda o sentido básico, costumeiro, do verbo de uma maneira muito forte e atua como um complemento verbal típico. Mas, o que é mais interessante é que essa junção de "*dormir*" + "*no ponto*" forma uma **expressão idiomática** ("dormir no ponto") que só tem esse sentido quando essas palavras estão juntas. "*Dormir*" e "*no ponto*" não adquirem esse sentido específico em outras construções. Isso não acontece só com o verbo "*dormir*", como vemos no balão explicativo ao lado, e é um fenômeno interessante que pode ser bastante explorado pelo professor em sala de aula.

Uma *expressão idiomática* é uma construção comum a determinado grupo de falantes, em que as palavras assumem um sentido diferente do sentido costumeiro da língua. Essas expressões se tornam fixas, cristalizadas, com o tempo. No Brasil, há muitas expressões regionalizadas, inclusive muitas construídas com verbos. É um bom exercício trabalhar com os alunos essas expressões, verificando como os sentidos dos verbos se alteram nelas. Outros exemplos? "Marcar toca", "perder o rebolado", "cuspir para cima", "procurar cabelo em ovo" etc.

A comparação de todos esses exemplos anteriores, com o mesmo verbo e com complementos diferentes, reforça o fato de que ocorrem dois tipos diferentes de complementação do verbo: com complementos essenciais ao sentido do verbo e com complementos circunstanciais, cuja presença não altera a essência do verbo. Mas continuemos com os dois exemplos restantes daquela lista inicial:

- ☑ Os animais do zoológico comem <u>de forma balanceada</u> = indica a maneira como os animais comem. Isto é, em se tratando de um zoológico, a parte sublinhada traz uma informação sobre a comida que dão aos animais ali, que é uma comida balanceada. Mas ainda assim um "animal comer" parece ser a ideia básica e inalterada;

- ☑ Eu passeei de moto <u>com minha prima</u> = a ideia de companhia aqui apresentada não parece mudar a ideia básica do verbo, que é de "passear de moto".

Então, como vimos nesses exemplos, há um tipo de sintagma que se comporta sintaticamente como complemento, mas que não afeta significativamente o sentido básico, essencial, do verbo. Esses complementos de natureza circunstancial (que indicam, normalmente, as ideias de tempo, lugar, negação, intensidade, modo/maneira, ocasião, companhia etc.), entre outras, são chamados de "**complementos adverbiais**".

Os complementos adverbiais, assim como os advérbios, têm uma infinidade de sentidos, de acordo com todas as ideias circunstanciais que devem ser expressas pela língua.

Mas a preocupação maior não deve ser a de **decorar uma lista** de advérbios, até

A gramática tradicional classifica esses sintagmas como "adjuntos adverbiais". Como vimos, essa terminologia é ruim, pois tais sintagmas não se comportam sintaticamente como adjuntos, em concordância com seus núcleos geradores, mas como complementos.

É uma prática escolar brasileira antiga e improdutiva a de fazer os alunos decorarem listas de advérbios, pretensamente pré-classificados de acordo com seu "tipo".
Isso, além de perda de tempo, irrita os alunos, pois eles reconhecem a inutilidade dessa obrigação. Muito mais interessante é que eles saibam identificar a presença do complemento adverbial por suas propriedades sintáticas, seja qual for o seu sentido. Afinal, é o que fazemos com os complementos verbais.

porque um mesmo advérbio aparece, em uma frase, com um sentido e, em outra, com outro sentido. Logo, a preocupação na análise sintática é identificar o sintagma como um *complemento adverbial* e não tentar definir o "tipo" de complemento adverbial, ou seja, se ele é de modo, lugar, tempo etc. Isso porque, independentemente do sentido que se possa atribuir a um complemento adverbial, todos eles se comportam sintaticamente da mesma forma.

Assim sendo, chegou a hora de você identificar complementos adverbiais ligados a verbos. Sim, estou ressaltando aqui "ligados a verbos", pois também pode haver complementos adverbiais ligados a outras palavras. Mas, aqui, nosso interesse é com complementos de verbos. Então, vamos ao exercício 18:

Exercício 18: Sublinhe todos os complementos adverbiais ligados aos verbos nas frases seguintes:

a. Meu avô só sabia comer macarrão com dois garfos.
b. Gosto muito de fazer minha caminhada de manhã bem cedo.
c. João não se acostuma com o frio do Paraná.
d. João acha que seu primo joga bola muito bem.
e. Em São Paulo as pessoas estão muito estressadas.
f. O marido disse "não" à esposa com muito jeitinho.
g. Ele jamais dirá o segredo ao agente policial.
h. Vamos acabar essa tarefa amanhã.

Bem, terminamos os sintagmas que se ligam aos verbos. Ufa! São mesmo vários tipos diferentes! Acho que seria bom a gente fazer um pequeno resumo, aqui, para lembrar todos os tipos que estudamos:

- Assim como acontece em relação aos nomes, são as características dos verbos que fazem com que diferentes sintagmas possam se ligar a eles. Vamos lembrar:
    a. verbos não servem como base de concordância;
    b. verbos é que concordam com o núcleo do sujeito, quando este existe na frase;
    c. verbos pedem complementos, mas nunca pedem concordância desses complementos;
    d. um verbo pode, ocasionalmente, permitir que a concordância de um nome passe por ele e atinja outro nome;
    e. verbos admitem complementos que alteram seu sentido básico e complementos circunstanciais, que apenas adicionam ideias ao sentido geral da frase.

- Assim sendo, são possíveis as cinco seguintes combinações de sintagmas com os verbos, que definem os diferentes tipos de sintagmas em cada caso:

Descrição do sintagma	Classificação do sintagma
O sintagma nominal tem um núcleo que funciona como base de concordância do verbo.	Sujeito
O sintagma nominal se relaciona ao verbo sem qualquer concordância com este e complementando o sentido básico do verbo.	Complemento verbal
O sintagma se relaciona ao verbo sem qualquer concordância com este, mas recebe, "através" do verbo, a influência do núcleo do sujeito. Esse verbo é chamado de verbo de ligação.	Complemento verbal predicativo
O sintagma participa de uma estrutura específica sempre com o verbo ser (estrutura essa que pode ser definida como *x ser y por w*), complementa o verbo sem qualquer relação de concordância com este, mas expressa sempre o agente da ação representada na frase.	Complemento verbal agente
O sintagma nominal se relaciona ao verbo sem qualquer concordância com este, mas acrescentando ideias circunstanciais ao sentido básico do verbo, como as ideias que localizam a ação no tempo e no espaço, ideias de negação, modo/maneira, intensidade etc.	Complemento adverbial

Agora que já vimos os tipos de sintagmas que se ligam a nomes e a verbos, podemos passar aos sintagmas que se ligam a palavras nominais que estejam funcionando como adjetivos.

SINTAGMAS LIGADOS A PALAVRAS NOMINAIS QUE ESTEJAM FUNCIONANDO COMO ADJETIVOS

É hora de voltar às tabelas do capítulo anterior para recordar as propriedades das palavras nominais que funcionam como adjetivos:

Adjetivos	• São marcados em masculino ou feminino [bonito/bonita] • São marcados em singular ou plural [bonito/bonitos] • Repetem as marcas de gênero e número dos nomes com os quais estão combinados [menino bonito/meninas bonitas]

Alguns pronomes como este, esse aquele, meu, teu, seu etc. quando estão ligados a nomes	• São marcados em masculino e feminino [este/esta] • São marcados em singular e plural [este/estes] • São de 1ª, 2ª ou 3ª pessoa [meu/teu/seu] • Repetem as marcas de gênero, número e pessoa dos nomes ou dos pronomes (base) com os quais estão combinados [aquele homem/estas mulheres/meu chapéu/nossos chapéus]

Numerais (quantificadores)	• Podem ser marcados em masculino e feminino [dois/duas] • Podem ser marcados em singular e plural [um quinto/dois quintos] • Repetem as marcas de gênero e número dos nomes com os quais estão combinados [duas pessoas/décimo colocado]

Artigos	• São marcados em masculino e feminino [o/a] • São marcados em singular e plural [o/os] • Repetem as marcas de gênero e número dos nomes com os quais estão combinados [o homem/as mulheres]

Como pudemos relembrar, essas palavras nominais nunca funcionam como base de concordância, logo, elas não podem gerar ligação com adjuntos (que estabelecem concordância com suas bases) nem com verbos (que também estabelecem concordância com suas bases). Assim, apenas lhes restam os complementos, pois são os complementos dos sintagmas que se unem a uma base sem admitir concordância com ela.

Essas palavras nominais que funcionam como adjetivos, portanto, gerarão dois tipos de complementos possíveis: complementos nominais (nos mesmos moldes que um nome os gera) e complementos adverbiais (nos mesmos moldes que um verbo os gera). Vamos ver isso?

Complementando as palavras nominais que funcionam com adjetivos

Assim como acontece com os nomes, as palavras nominais que funcionam como adjetivos podem gerar complementos nominais. Os complementos nominais, aqui, também terão as seguintes características:

a. serão sempre ligados ao núcleo gerador por meio de um conectivo;
b. terão um nome em seu próprio núcleo;
c. não estabelecerão qualquer tipo de concordância com a base que os gerou.

Vamos ver alguns exemplos de complementos nominais ligados a palavras de natureza adjetiva?

☑ João está cansado <u>de seu trabalho</u>.
☑ O sacerdote foi fiel <u>a Deus</u> até a morte.

☑ O menino parece incompreendido pelos pais.
☑ A cozinheira fez uma torta elogiada pelos convidados.
☑ A filha queridinha do papai fez uma grande besteira.

Em todos os exemplos, as partes sublinhadas funcionam como complementos nominais de palavras de natureza adjetiva. Se você prestou bastante atenção, viu que não há novidades em relação ao funcionamento dos complementos nominais ligados a nomes, exceto pelo fato de que os que estamos vendo agora estão ligados a palavras adjetivas e não a nomes ou pronomes bases. Então, podemos passar ao exercício:

Exercício 19: Sublinhe os complementos nominais de palavras adjetivas das frases que seguem:

a. O soldado obediente a sua pátria foi condecorado na solenidade de formatura.
b. O atleta desacreditado pelo treinador mostrou ser o melhor do time.
c. A comida apreciada por todos acabou sobrando na panela.
d. A parede concluída pelo pedreiro estava muito malfeita.
e. Os botões feitos pela costureira combinaram mais com a roupa.

Acrescentando ideias circunstanciais a palavras nominais que funcionam como adjetivos

Da mesma forma que acontece com os verbos, as palavras nominais que funcionam como adjetivos também aceitam ideias circunstanciais expressas na forma de complementos adverbiais. E, assim como acontece com os verbos, os complementos adverbiais dessas palavras adjetivas podem estar ligados a elas diretamente ou por meio de conectivos. Ou seja: aqui, também não há novidades sintáticas em relação aos complementos adverbiais, à exceção de que, agora, eles estarão ligados a palavras nominais funcionando como adjetivos e não mais ligados a verbos.

Para nos ajudar na identificação desses complementos adverbiais de palavras adjetivas, podemos nos lembrar que essas palavras adjetivas costumam expressar propriedades daquilo que os nomes expressam. Então, é natural que as ideias circunstanciais acrescentadas pelos complementos adverbiais dessas palavras nominais tenham relação com esse tipo de propriedades. Ficou confuso? Então vamos ver isso em outras palavras e com exemplos. Veja o exemplo:

☑ A esposa de João é bonita, educada e boa mãe.

Nessa frase, as palavras "*bonita*" e "*educada*" expressam propriedades de "*esposa*" e a palavra "*boa*" expressa uma propriedade de "*mãe*". Como essas propriedades podem ser circunstancialmente modificadas?

- Podemos, por exemplo, intensificar/quantificar as propriedades: "*muito bonita*", "*muito educada*", "*mais ou menos bonita*", "*pouco educada*", "*bonita pra caramba*";
- Podemos negar as propriedades: "*nada bonita*", "*nada educada*", "*boa coisa nenhuma*";
- Podemos localizar as propriedades no tempo/espaço; "*educada em sua casa*", "*ocasionalmente boa*", "*bonita só para o marido*" etc.

Enfim, vemos que as ideias de propriedade, de características do que o nome representa, também podem ser ligadas a complementos circunstanciais, pois são compatíveis com circunstanciações. Assim, sem novidades a acrescentar aqui, vamos ver mais alguns exemplos desses complementos adverbiais ligados a palavras nominais adjetivas:

☑ A filha <u>mais</u> velha do João é <u>muito</u> linda!
☑ Meu time está jogando <u>bem</u> pior do que eu imaginava.
☑ Pode tirar a mão que esse jogo aí é <u>muito</u> meu!
☑ É <u>bem</u> este negócio o que eu estava procurando.
☑ Esse sujeito é chato <u>pra cacete</u>!
☑ <u>Muito</u> lindinha essa gravata borboleta do seu menino!

Agora, para não perder o costume, é sua vez de encerrar o subtítulo se exercitando. Que tal identificar, sem ajuda de ninguém, os complementos adverbiais ligados a palavras nominais adjetivas no exercício 20?

 Exercício 20: Nas frases a seguir, sublinhe os complementos adverbiais ligados às palavras nominais que estejam funcionando como adjetivos:

a. Essa capa de couro é muito bonita, mas cara de doer.
b. O homem muito sábio pensa antes de falar.
c. Qual menino fez essa arte tão perigosa?
d. Não sei qual o mais feio...
e. Verdadeiramente boa essa sugestão e bem oportuna!

O ADVÉRBIO DE SI MESMO

Da mesma forma que fizemos com as outras palavras nucleares, é hora de voltar aos quadros da primeira parte do livro para lembrar como se comportam os advérbios:

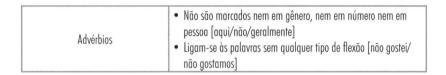

Reparando no quadro, vemos que os advérbios se comportam de uma forma bem peculiar: nem concordam nem exigem concordância. Assim, só lhes resta abrir lacunas para complementos que, como vimos, são as partes da frase que não precisam concordar com a base a que se liguem. Porém, os advérbios não são palavras de natureza verbal e, assim, não podem admitir complementos verbais. Da mesma forma, não são palavras de natureza nominal e, por isso, não podem admitir complementos nominais. O que lhes resta? Apenas os complementos adverbiais, que não apresentam restrições quanto a combinar-se com adjetivos ou com verbos indiferentemente. Por isso, as únicas lacunas que os advérbios conseguem abrir são preenchidas por *complementos adverbiais*, ou seja, por advérbios de advérbios.

Aliás, preste bem atenção aqui em um problema de nossa nomenclatura gramatical, para o qual não propus uma mudança terminológica para não complicar muito as coisas. Repito: atenção, pois esta é uma observação importante.

Já vimos que temos três tipos de complementos de palavras na língua: *verbais*, *nominais* e *adverbiais*. Mas o que estou dizendo quando falo que um sintagma é um *complemento verbal*, um *complemento nominal* ou um *complemento adverbial* são coisas diferentes? Veja:

a. quando falo que um sintagma é um complemento nominal, estou dizendo que ele complementa um nome. Assim, *só existem complementos nominais de palavras nominais*;

b. quando falo que um sintagma é um complemento verbal, estou dizendo que ele complementa um verbo. Assim, *só existem complementos verbais de palavras verbais*;

c. mas, quando falo que um sintagma é um complemento adverbial (ou, na terminologia tradicional, um "adjunto adverbial"), não estou falando que ele complementa apenas um advérbio, como deveria ser, mas que *a natureza desse complemento é adverbial*. E isso é um problema terminológico antigo e grave. Grave, pois é um problema que pode causar confusão ao estudante, uma vez que existem *complementos adverbiais* de *verbos* (a palavra "advérbio", inclusive, indica essa ligação ao verbo), de *palavras nominais adjetivas* e de *advérbios*.

Aí, diante disso, você pode me perguntar: mas não seria o caso de dizer que os *complementos nominais* e os *complementos verbais* também são classificados por sua natureza. Infelizmente não. Se fosse assim, o problema estaria resolvido. Mas o fato é que ambos (o *complemento nominal* e o *complemento verbal*) têm natureza nominal, seus núcleos são nomes e, muitas vezes, eles ocorrem, inclusive, em uma forma idêntica. Veja os exemplos:

☑ A *fé* <u>em Deus</u> é importante para o homem.
☑ João *confia* muito <u>em Deus</u>.

No primeiro exemplo, o complemento "*em Deus*" completa o nome "*fé*". No segundo, completa o verbo "*confia*". São iguais em estrutura (conectivo + nome) e na natureza do núcleo. E veja que, nos dois casos, a ideia representada – que é essencial às duas palavras bases: "*fé*" (em algo/alguém) e "*confia*" (em algo/alguém) – é a ideia de um "ser", de nomeação mesmo e não de tempo, ou localização, ou modo/maneira ou qualquer outra ideia não essencial ao núcleo gerador, circunstancial. Essa representação linguística dos "seres", das coisas, de tudo o que existe, é o que chamamos de "nomeação" e é a função semântica mais típica das palavras nominais nas línguas naturais. E vale notar que esse tipo de estrutura de natureza nominal se repete em todos os complementos nominais e nos complementos verbais com conectivo. Ou seja, o mais coerente é mesmo dizer que *complementos nominais* complementam *nomes* e *complementos verbais* complementam *verbos*. E assim deveria ser com *complementos adverbiais* (mesmo que a gente insistisse em chamá-los indevidamente de adjuntos adverbiais), que deveriam complementar *advérbios*. Mas não é o que acontece e esse é justamente o problema terminológico para o qual estou chamando sua atenção, professor.

Se fosse para resolver esse problema terminológico, os *complementos adverbiais* de verbos poderiam ser chamados, por exemplo, de "complementos verbais circunstanciais", e os *complementos adverbiais* de palavras nominais adjetivas poderiam ser chamados de "complementos nominais circunstanciais", deixando o rótulo "complemento adverbial" apenas para os complementos de advérbios mesmo. Mas isso poderia causar ainda mais confusão diante da secular terminologia adotada nas gramáticas do português. Já existe muita reclamação apenas em não chamar o complemento adverbial de "adjunto adverbial". Imagine se trocássemos os nomes ainda de forma mais radical... Então, se conseguirmos entender bem essa diferença, podemos deixar os rótulos como estão, pelo menos por hora. Como citado anteriormente, o professor Mário Perini, em uma de suas obras de Gramática Descritiva, diz que, nesse assunto de terminologia, a gente deve mexer o mínimo necessário para manter uma coerência descritiva aceitável.

Voltemos, então, às características do complemento adverbial e a única observação restante a fazer aqui é que advérbios, em função da natureza das complexas ideias que podem representar, comumente aparecem na forma de locuções e de expressões adverbiais, ou seja, em formas sintaticamente complexas, com mais de uma palavra. Atenção nisso, então!

Vejamos alguns exemplos de complementos adverbiais de advérbios, que aparecem sublinhados:

- ☑ João dirige <u>muito</u> bem!
- ☑ Você chegou <u>bem</u> rapidamente ao seu objetivo.
- ☑ Maria dormiu <u>nada</u> confortavelmente esta noite.
- ☑ Eu estava <u>ali</u> na frente daquele bicho enorme!
- ☑ Meu irmão vem <u>muito</u> de vez em quando aqui em casa. (observe a expressão adverbial "de vez em quando")

Agora é com você! Segue o exercício 21:

Exercício 21: Sublinhe os complementos adverbiais ligados a advérbios que ocorrem nas frases a seguir:
a. João está muitíssimo mal na UTI.

134 Sintaxe para a educação básica

b. Aquele sujeito faz isso bem raramente.
c. É muito cedo pra cachaça...
d. Nunca diga que ele não sabe fazer isso muito bem feito!
e. Eles quase não têm condição de comer todo dia...

Com o exercício 21, terminamos todos os tipos de complementos que ocorrem na língua. Como temos feito, é bom montar aqui um quadro-resumo que vai facilitar as coisas na hora de uma revisão ou mesmo para fazer análises posteriores. Vamos lá:

- A primeira diferença básica está em separar *adjuntos* de *complementos* – adjuntos sempre assumem uma relação de concordância com a base a que estão ligados. Complementos nunca assumem uma relação de concordância com essa base.

Isso estabelecido como diferença preliminar e básica, vejamos os tipos de complementos que ocorrem no português brasileiro:

Palavra base	Tipo de complemento	Descrição e exemplos (a palavra base aparece em itálico e o complemento, sublinhado)
Nome/ pronome base	Complemento nominal	Seu núcleo é sempre um nome e se liga a outro nome ou pronome base por meio de conectivo, de forma a evitar um conflito da base de concordância (A *fé* de João é grande.)
Palavra nominal adjetiva	Complemento nominal	Se núcleo é sempre um nome e se liga à palavra adjetiva sempre por um conectivo que, neste caso, apenas opera semanticamente (O menino *humilhado* pelo pai chorou muito.)
	Complemento adverbial	Pode ser apenas um advérbio simples ou um sintagma complexo, ligado a uma palavra adjetiva e expressando ideias circunstanciais (Maria é uma mulher *muito* inteligente.)
Verbo	Complemento verbal simples	Completa (ou modifica) o sentido essencial de um verbo, ligado a ele diretamente ou por conectivo (João *rasgou* o caderno do irmão.)
	Complemento verbal predicativo	Ligado e complementando um verbo de ligação, concorda com o sujeito da frase (Maria *está* feliz.)
	Complemento verbal agente	Ocorre em estruturas específicas com o verbo ser (popularmente chamadas de "passivas"), em que o complemento do verbo expressa o agente da ação representada na frase (A vaca foi *encontrada* pelo dono.)
	Complemento adverbial	Acrescenta ao verbo ideias circunstanciais, ou seja, não essenciais ao sentido do verbo na frase, ocorrendo na forma de palavras simples ou sintagmas complexos (Maria *não* viu seu irmão de tarde.)
Advérbio	Complemento adverbial	Único sintagma ligado a advérbios, ou seja, que toma um advérbio como palavra geradora, normalmente é um advérbio simples, mas também ocorre na forma de sintagmas complexos (A coisa não *aconteceu* bem assim.)

Lembre-se desse quadro de complementos na hora de fazer suas análises! Agora passaremos a um tipo bem especial de estrutura da língua que, na verdade, não faz parte da sintaxe, mas que aparece nas gramáticas normativas como se fizesse. Então, a necessidade de ver isso aqui. Trata-se de uma ocorrência de natureza meramente discursiva: o vocativo.

O VOCATIVO

Este tópico sobre o vocativo, na verdade, não deveria aparecer aqui, simplesmente porque o vocativo não é um sintagma propriamente dito. Ele não assume função sintática, não se liga a nenhum núcleo, não contrai nenhuma forma de relacionamento com outras palavras da frase. Trata-se de um elemento da conversação que tem, entre outras, como finalidade básica estabelecer um vínculo conversacional, "dirigir a conversa" a alguém, por assim dizer. É por isso que ele aparece solto na frase, podendo ser colocado em quase todos os lugares da estrutura, pelo menos aqueles em que ele não atrapalhe muito o entendimento ou não interfira em relações sintáticas de forma a atrapalhar o processamento da frase pelos falantes.

Porém, vale lembrar que o vocativo aparece nas gramáticas tradicionais e livros didáticos como se fosse um sintagma e sei que isso poderia causar alguma dúvida ao leitor. Então, resolvi colocar esta nota aqui. Observe esse exemplo de uma frase à qual se juntou um vocativo:

☑ João, você pode me emprestar uns dez reais até amanhã?

- A qual palavra da frase esse vocativo (João) se liga? A nenhuma.
- Que ordem ele segue? Nenhuma.
- Ele concorda ou ao menos completa alguma parte? Não.
- O que ele faz aí? Na frase nada. Na conversa, chama a atenção do João.

Se essa parte ("*João*") está solta como as respostas às perguntas anteriores indicam, vamos ver, então, em que lugares podemos colocar esse vocativo e ainda deixar a frase compreensível:

☑ João, você pode me emprestar uns dez reais até amanhã?
☑ Você, João, pode me emprestar uns dez reais até amanhã?

136 Sintaxe para a educação básica

☑ Você pode, João, me emprestar uns dez reais até amanhã?
☑ Você pode me emprestar, João, uns dez reais até amanhã?
☑ Você pode me emprestar uns dez reais, João, até amanhã?
☑ Você pode me emprestar uns dez reais até amanhã, João?

Como se vê, ele pode entrar quase em qualquer posição entre sintagmas. Só fica ruim entre partes que causariam alguma confusão de entendimento, como, por exemplo:

☑ Você pode me, João, emprestar uns dez reais até amanhã? (ruim)
☑ Você pode me emprestar uns, João, dez reais até amanhã? (ruim)
☑ Você pode me emprestar uns dez, João, reais até amanhã? (ruim)
☑ Você pode me emprestar uns dez reais até, João, amanhã? (ruim)

Nessas frases que marquei como "ruins", o vocativo foi inserido entre as palavras concordantes e entre o verbo e o pronome, o que resultou bem estranho. Mas com um pouco de esforço dá até pra ver uma pessoa falando essas frases, relutantemente, e sendo entendida. Ficaria ruim, mas ainda seria possível compreender... Porém, nos demais casos, não há qualquer problema. Inclusive, na fala, não é difícil que as pessoas repitam o mesmo vocativo várias vezes (o que fica cansativo... mas é comum). Por isso, uma frase como esta abaixo não seria difícil de ouvir:

☑ João, você pode me emprestar, João, uns dez reais até amanhã, João?

É claro que a gente não poderia repetir os sintagmas assim (repetir o mesmo sujeito, ou o mesmo verbo ou o mesmo complemento verbal, por exemplo), pois isso seria contra a economia da língua, um tipo de desperdício de energia, e acabaria por atrapalhar a compreensão da frase. Mas como nossa maquininha de processamento de gramática sabe que o vocativo não é sintagma, ela o vai deixando de lado, como se dissesse: "Esse aí não conta na estrutura da frase. Pode repetir e desperdiçar vocativo à vontade!". A mesma coisa acontece com aquelas palavras que classificamos como parte da linguagem fática (aquela que visa a confirmar que a outra pessoa está prestando atenção em nós), como "né", "então", "daí", "compreendeu?", que algumas pessoas repetem, repetem e repetem quando falam (e, algumas, indevidamente, até quando escrevem).

Assim, por tudo isso, para o vocativo, nem é preciso fazer qualquer exercício.

* * *

Aqui, encerramos o capítulo sobre o período simples! Você já conhece todos os tipos de sintagmas que ocorrem no português brasileiro de hoje. Além disso, viu que esses sintagmas decorrem das propriedades morfológicas e sintáticas que a língua atribuiu às palavras. Você já deve estar pronto para fazer algumas **análises sintáticas** de períodos simples agora. Que tal a gente ajuntar tudo o que aprendeu até aqui em uma análise mais completa de algumas frases? Agora é hora de mostrar o quanto você aprendeu, classificando todas as partes das frases a seguir.

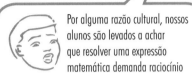

Por alguma razão cultural, nossos alunos são levados a achar que resolver uma expressão matemática demanda raciocínio e calma, e resolver uma análise sintática é coisa que se faz por advinhação, premonição ou algum processo místico. Isso decorre da forma como são tradicionalmente ensinados. É preciso reforçar com eles o caráter racional e lógico da análise sintática, e estabelecer uma metodologia que se repita sempre e sempre, a cada análise, de forma a sistematizar os procedimentos e estabelecer um padrão científico de análise, como temos feito até aqui.

Lembre-se:
a. Comece marcando os núcleos e verificando as relações entre as palavras.
b. São essas relações entre as bases e os sintagmas que se relacionam a elas que permitem a classificação de cada sintagma.
c. Não tente adivinhar. Não tenha pressa. Faça a *análise*, ou seja, aplique tudo o que você aprendeu sobre as relações entre os núcleos e os sintagmas antes de propor uma classificação.

Bom trabalho!

Exercício 22: Faça a análise sintática completa das frases seguintes, de forma que, ao final, nem uma única palavra tenha deixado de ser classificada.

a. As coisas mais importantes da vida só são reconhecidas bem depois.
b. Todos os homens da construção foram treinados pela construtora contratada.
c. As obras das novas usinas ameaçam o meio ambiente de forma incalculável.
d. O dinheiro quase sempre pesa mais na balança.
e. O povo brasileiro ainda mantém uma postura de grande passividade.
f. Meu primo, o João, deu um belo presente ao seu pai no dia do seu aniversário.

Os tipos de frases

O estudo do período composto tem sido um martírio na vida de professores e alunos da educação básica durante décadas. Isso tem uma causa bem clara: na verdade, ele tem sido feito muito mais por "adivinhação" do que por análise das propriedades sintáticas. Ou seja, é mais uma ação decorativa e de tentativa de reconhecimento de modelos que um estudo científico. Decora-se uma lista de palavras (de conjunções, por exemplo) ou uma lista de exemplos do livro didático, e se tenta adivinhar os tipos de frases com base nisso. Mas isso obviamente não funciona. Daí que quase ninguém entende o que está mesmo acontecendo ali. E a gente não costuma gostar muito de fazer coisas que não entende...

Em mais de duas décadas lidando com essa disciplina em minha experiência de magistério, a reclamação que frequentemente tenho ouvido de alunos, quando lhes mostro as regras de estruturação e como elas são vinculadas às propriedades das palavras, é: "Mas por que não nos mostraram antes como isso funciona?". É mesmo uma pena que seja assim!

Tal prática se dá, basicamente, por existir uma grave incompreensão em relação ao funcionamento da sintaxe: os processos envolvidos, as características das palavras e a relação destas com a estruturação das frases, como vimos – e essa incompreensão se mostra, de forma mais concreta, na hora de estudar o período composto. Na verdade, é preciso ensinar aos alunos que nossa língua possui um único conjunto básico de regras sintáticas e que ele se aplica tanto na estruturação do período simples quanto na estruturação do período composto. Aquilo que nós aprendemos para poder entender como os sintagmas funcionam, por que eles são como são e por que há diferentes tipos de sintagmas é o mesmo que vamos aplicar para entender como se constituem e como funcionam as diversas frases de um período. Você se lembra das regras básicas? São essas, em resumo:

- estruturas coordenadas não assumem função sintática entre si. A relação entre elas é apenas semântica;
- estruturas subordinadas sempre estão ligadas a uma palavra (núcleo gerador) e assumem uma função sintática em razão das propriedades dessa palavra geradora;

140 Sintaxe para a educação básica

- cada tipo de estrutura se caracteriza por estabelecer com o núcleo gerador um tipo específico de relação;
- ou seja: fazer uma análise sintática consiste justamente em verificar o tipo de relação existente entre o núcleo gerador e a estrutura que o completa;
- depois da análise, podemos atribuir um nome (rótulo) a cada padrão de estrutura: é a hora da "classificação".

Foi isso que aplicamos para identificar cada sintagma até aqui. É isso que aplicaremos, agora, para identificar cada tipo de frase. Por tal razão, sempre digo que estudar período composto sem dominar os princípios sintáticos que regem o período simples é inútil em uma língua como o português brasileiro. Afinal, se não compreendemos nem os princípios das estruturas mais simples, como poderemos entender o funcionamento das estruturas mais complexas, que se apoiam naquelas?

Outra coisa importante a dizer aqui é que o estudo do período composto no ensino médio não deve ser exaustivo, nem muito profundo, nem preocupado em formar "professores de análise sintática". Não deve haver preocupação, da parte do professor, em verificar toda e qualquer forma de estrutura, as formações variantes, as formas mais complexas de estrutura sintática de textos complexos etc. É preciso compreender que essa profundidade toda é para quem faz curso de Letras ou de Linguística. Essa complicação em "profundidade máxima" não cabe no nível médio da educação. Nessa fase, compete ao professor ensinar as formas básicas de organização do período composto, com exemplos simples e de fácil compreensão, em que o aluno possa visualizar sem problemas as mesmas regras de estruturação existentes no período simples. Afinal, mais importante do que conhecer rótulos estranhos de Sintaxe e poder destrinchar a estrutura sintática de um texto qualquer como quem faz a autópsia de um cadáver, é que o aluno saia da educação básica sabendo ler muito bem e escrever muito bem – e gostando disso! – e falando e compreendendo bem o que os outros falam em todas as situações. Esse deve ser o foco primordial da educação básica e isso inclui o ensino médio.

Portanto, se o aluno terminar o ensino médio entendendo como a estrutura sintática de sua língua funciona, sabendo que há regras claras e lógicas de estruturação e que essas regras se aplicam de forma coerente nos diferentes níveis de estruturação da língua, já terá havido um enorme progresso em relação ao que se tem feito nas últimas décadas no Brasil. Ou seja, se ele puder entender o que temos visto até aqui, a compreensão que ele terá da própria língua será muito mais apurada e abrangente do que a que se oferece hoje, no geral.

Diante disso – e confiando que já dominamos os princípios básicos de estruturação sintática da língua pelos capítulos "A organização da língua" e "Os diferentes tipos de sintagma" –, podemos passar ao estudo dos tipos de frases e sua organização.

FRASES SEM VERBOS

Uma frase sem verbo é chamada de *frase nominal* (ou *rese*, embora esse termo apareça pouco em livros especializados), como vimos no capítulo "A organização da língua". Essas frases, normalmente, aparecem "isoladas", não contraindo função sintática entre si nem em relação a palavras, ou, ainda, aparecem atuando em coordenação (duas ou mais frases coordenadas entre si).

São exemplos de frases nominais, algumas que encontramos em avisos, como:

- ☑ Cachorro bravo.
- ☑ Proibida a entrada.
- ☑ Perigo! Alta voltagem.

Alguns títulos de livros, filmes, peças teatrais, reportagens, artigos, entre outros, podem ser considerados, também, frases nominais, como:

- ☑ O destruidor do futuro: o retorno.
- ☑ A missão mais do que impossível.
- ☑ Os dezessete trabalhos de Herculano.
- ☑ Um estudo da sintaxe brasileira.
- ☑ Os doces olhos da madre Tereza.

Finalmente, existem frases nominais que aparecem em conversas, funcionando como respostas a perguntas, informações ou descrições e comentários esparsos, entre outras possibilidades, tais quais essas:

- ☑ A avenida mais comprida da cidade. (*Que rua é esta?*)
- ☑ A mulher mais brava do bairro... (*Você sabe a Julieta, né...*)
- ☑ O filho da dona Julieta. (*Sabe quem está de carro novo?*)
- ☑ Bar Aprecie com Moderação, de Cristóvão da Silva.

Assim, como se vê, as frases nominais – e seu sentido suficiente para expressar o que se deseja – estão ao nosso redor aos milhares. Mas, essa característica de não participar de estruturas complexas as torna construções fáceis de analisar, sem muitas dificuldades sintáticas a explicar. Elas se estruturam ao redor de nomes, e as ocorrências internas são, portanto, de sintagmas que podem ser ligados às diversas palavras nominais que estudamos. Esses sintagmas são os mesmos que compõem o período simples e sua análise se dá da mesma forma que vimos no capítulo "Os diferentes tipos de sintagma". Já as frases com verbo são bem mais complexas. Vamos ver?

FRASES COM VERBOS

Uma frase com um verbo é chamada de *frase verbal* ou *oração*, sendo este último o termo mais comum em nossas gramáticas. Em um período com diversas frases, *a cada verbo* (ou locução verbal) *corresponde uma oração*. Assim, um período com três verbos tem três orações, um com cinco, tem cinco orações e assim por diante.

As orações podem ocorrer de duas formas:

a. *sintaticamente independentes* – nesse caso, as orações atuam em relação de coordenação umas com as outras, pois não foram geradas por uma palavra, isto é, não estão ocupando nenhuma lacuna aberta por uma palavra. Nesse caso, as orações são chamadas de *coordenadas*;

b. *sintaticamente dependentes* – nesse caso, as orações foram geradas e estão ligadas a uma palavra, isto é, ocupam a lacuna aberta por uma palavra no período. Essas orações atuam regidas por essas palavras, assumem uma função sintática em relação a essas palavras (assim como os sintagmas simples) e, por isso, são chamadas de orações *subordinadas*.

Como você viu, uma oração subordinada não se liga a outra oração. Não há orações ligadas a outras orações, não há "orações de orações", simplesmente porque isso feriria uma das mais importantes regras da sintaxe do português brasileiro: **apenas as palavras abrem lacunas sintáticas na estrutura, apenas as palavras definem as restrições de sentido e as restrições gramaticais**.

 Esse é um aspecto fundamental a se ressaltar para os alunos. Se eles não compreenderem que são palavras de uma oração que geram outras orações, eles não conseguirão analisar corretamente os períodos. Enquanto a crença tradicional de que "orações principais geram orações subordinadas" for alimentada, a análise do período composto não será análise de verdade, mas memorização de exemplos.

Assim, podemos compreender que o relacionamento entre as orações na nossa língua se dá da seguinte forma:

a. *em casos de coordenação* – as orações são apenas ligadas pelo sentido, ou seja, sabemos que uma se relaciona à outra em função do que elas expressam, mas não há qualquer aspecto de ordem sintática, qualquer restrição sintática sendo obedecida que possa definir uma estrutura única. Exemplo:

☑ João gosta de Maria, ela não gosta de João.

b. *em casos de subordinação* – uma oração regida está sempre ligada a uma palavra presente em outra oração. A oração que possui a palavra que gerou a outra oração é chamada de *oração principal*. A oração que é gerada pela palavra que está na principal é chamada de *oração subordinada*. Exemplo:

☑ João *gosta*/ de comer doce de leite goiano.

Observe, a respeito do exemplo anterior:
- temos dois verbos (*gosta* e *comer*), logo, temos duas orações;
- é a palavra "*gosta*" que abre uma lacuna para a segunda oração existir. "Quem gosta, gosta de algo", diriam os gramáticos; assim, está faltando alguma coisa para completar a palavra "*gosta*". Essa alguma coisa poderia ser um termo simples, como:

☑ João gosta dele.
☑ João gosta de doce de leite.
☑ João gosta de jujuba.

Mas, no caso do exemplo, o que completa a palavra "*gosta*" é uma oração, pois é uma estrutura com um verbo: "*de comer doce de leite goiano*".
- Como se vê, a segunda oração não está ligada à primeira oração, não nasceu da primeira oração e não tem sua função definida em razão da primeira oração, mas *está ligada a uma palavra*, foi gerada por uma *palavra* e assume uma função em razão dessa *palavra*.
- A oração que possui em sua estrutura a palavra que gera a outra oração (*João gosta*) é, por isso, chamada de *oração principal*. A oração que foi gerada por uma palavra que está em outra oração é, assim, chamada de *oração subordinada* (o que significa que ela é "subordinada", "está sendo regida" por uma palavra).

Agora, analise os exemplos com sintagmas simples que dei anteriormente:

- ☑ João gosta <u>dele</u>.
- ☑ João gosta <u>de doce de leite</u>.
- ☑ João gosta <u>de jujuba</u>.

Você, pelo que já sabe do período simples, não tem mais dificuldade para classificar esses sintagmas sublinhados. Veja suas propriedades: sintagmas ligados a verbos, sem concordância, com ou sem conectivo, complementando o sentido básico do verbo. O que são?... Isso! Complementos verbais. Agora veja que beleza: se a lacuna é de complemento verbal e uma oração preenche essa lacuna, o que essa oração será?... Isso! Uma oração que funciona como complemento verbal! Exatamente os mesmos critérios que usamos para o período simples vamos usar aqui.

Finalmente, uma observação que pode simplificar muito a terminologia e diminuir um pouco aqueles nomes enormes adotados para classificar orações nas gramáticas tradicionais: como a oração subordinada assume uma função sintática em relação a uma palavra da oração principal, podemos classificá-la apenas usando o nome adequado de sua função, como fazemos para os termos simples. Afinal, *se ela tem função sintática, já sabemos que ela é, obrigatoriamente, subordinada*. Passemos, agora, a estudar cada tipo de oração separadamente.

Orações independentes

Como vimos no item anterior, orações sintaticamente independentes são chamadas de *orações coordenadas*. Sua relação se estabelece apenas pelo sentido que elas expressam.

Essas orações **podem ou não estar ligadas por um conectivo**, mas isso só faz diferença na construção do sentido, porque do ponto de vista sintático não há qualquer diferença, já que essas orações não assumem funções sintáticas umas em relação às outras. Logo, não há qualquer necessidade de diferenciar coordenadas que apresentem conectivos daquelas que se relacionem sem conectivo.

Em sua preocupação com terminologias complexas e exaustivas, as gramáticas tradicionais denominam *assindéticas* as orações coordenadas que se relacionam sem conectivos e *sindéticas* as que aparecem ligadas por conectivos. As sindéticas, ainda, recebem extensa classificação conforme o tipo de conjunção que apresentam (o que, segundo essa visão, definiria o tipo de relação de sentido implicada, o que é comprovadamente equivocado). Como vimos, essa distinção é inócua do ponto de vista sintático e se trataria apenas de mais uma dezena de nomes difíceis e estranhos para os alunos memorizarem.

Observe, a seguir, alguns exemplos de orações que têm estrutura sintática independente, ou seja, em que não aparecem orações que foram geradas por palavras presentes em outra oração. Veja que apresento pares em que o período composto é transformado em dois períodos simples, para mostrar como as orações são independentes:

☑ João acordou cedo/ e foi para o trabalho.
☑ João acordou cedo. (João) foi para o trabalho.

☑ Todos eles disseram que gostaram,/ mas nenhum deles quis comprar.
☑ Todos eles disseram que gostaram. Mas nenhum deles quis comprar.

☑ Ele comeu demais,/ por isso foi parar no hospital de madrugada.
☑ Ele comeu demais. Por isso, foi parar no hospital de madrugada.

☑ Maria gosta de doce de leite, eu só gosto de goiabada.
☑ Maria gosta de doce de leite. Eu só gosto de goiabada.

Viu o que fiz acima para demonstrar a independência sintática das orações? Que tal você fazer igual nas orações coordenadas do exercício 23?

Exercício 23: Separe as orações dos períodos compostos seguintes de forma a demonstrar sua independência sintática. Se houver alguma palavra que não foi repetida no período composto por uma questão de economia linguística, coloque essa palavra na oração em que ela está faltando utilizando parênteses. Veja o exemplo:

☑ João ganhou na loteria e comprou uma mansão na beira da praia.
☑ João ganhou na loteria. (João) comprou uma mansão na beira da praia.

a. Meu time treinou muito e ganhou o campeonato brasileiro.
b. Maria deu um fogão para sua mãe, mas a tal senhora não gostou da cor.
c. Os homens abusaram da natureza e colhem os tristes frutos agora.
d. Eu não sei, não vi e nem senti o cheiro!
e. Come demais, fala demais, dorme demais e quer respeito...

Orações ligadas a uma palavra

Como estudamos até aqui, existem quatro grandes classes de palavras na língua que podem funcionar como núcleos e, portanto, que podem ter sintagmas ligados a elas:

a. nomes e pronomes bases
b. palavras nominais funcionando como adjetivos
c. verbos
d. advérbios

Vimos que cada uma dessas classes tem propriedades específicas e aceitam relações diferenciadas com cada tipo de sintagma.

No período composto, ocorre exatamente o mesmo. Essas mesmas palavras continuam funcionando como núcleos geradores só que, em suas lacunas, ao invés de um sintagma, haverá uma oração. Assim, teremos praticamente um tipo de oração para cada tipo de sintagma, sempre aplicando os mesmos critérios do período simples.

Vamos, portanto, ver cada tipo específico de oração a partir de agora, de acordo com a palavra que gera essa oração, ou seja, de acordo com o núcleo gerador da oração.

ORAÇÕES LIGADAS A NOMES

Como já sabemos, temos sintagmas ligados a nomes por três tipos de relação diferentes:

a. adjunto – relação de concordância
b. complemento nominal – sempre por meio de conectivo, apenas por uma relação de regência
c. aposto – relação de coordenação

Com as orações, teremos as mesmas três formas de relação e, portanto, três tipos de orações. Veja:

Orações adjuntivas

Orações que funcionam como um adjunto são chamadas, aqui, de *orações adjuntivas*.

Nas gramáticas normativas, essas orações são chamadas de "adjetivas", o que é obviamente um nome muito ruim e pouco descritivo, uma vez que adjetivo é classe de palavra e não função sintática. Assim, aqui, optamos por um nome mais adequado, que descreve a função sintática.

O que caracteriza o adjunto é uma relação de concordância com a base. Mas, como a oração não pode concordar inteiramente com a base, a língua estabeleceu que essa concordância se dá, na oração, através de uma palavra que estabeleça alguma relação com o núcleo gerador. Essa palavra é, normalmente, um pronome relativo. Veja como isso funciona nos exemplos que seguem:

- ☑ O homem/ o qual gosta de ler/ se desenvolve mais.
  Oração principal: o homem se desenvolve mais
  Oração adjuntiva: o qual gosta de ler

- ☑ Os homens/ os quais gostam de ler/ se desenvolvem mais.
  Oração principal: Os homens se desenvolvem mais
  Oração adjuntiva: os quais gostam de ler

- ☑ A mulher/ a qual gosta de ler/ se desenvolve mais.
  Oração principal: A mulher se desenvolve mais
  Oração adjuntiva: a qual gosta de ler

- ☑ As mulheres/ as quais gostam de ler/ se desenvolvem mais.
  Oração principal: As mulheres se desenvolvem mais
  Oração adjuntiva: as quais gostam de ler

Reparou?

- ☑ o homem = o qual
- ☑ os homens = os quais
- ☑ a mulher = a qual
- ☑ as mulheres = as quais

Nessas orações, se estabelece uma relação de concordância entre a palavra geradora (homem/homens/mulher/mulheres) e o pronome relativo da oração subordinada.

Porém, essas orações não aparecem apenas com o pronome relativo "qual", mas quase sempre é possível testar se está havendo concordância, com um teste de substituição. Veja:

- ☑ O menino/ que joga bola/ machuca o dedo.
- ☑ Os menin<u>os</u>/ que jog<u>am</u> bola/ machucam o dedo.

E dá ainda pra fazer o **teste de substituição** para ver se o "*que*" está funcionando como pronome relativo. Basta trocar por "*qual*":

A palavra "que" assume muitas funções em nossa língua. Mas, principalmente, é "conectivo" ou "pronome relativo". Para verificar a função quando a palavra estiver entre orações, substitua, na frase, essa palavra por "qual". Se a substituição for possível, é pronome relativo, se não for possível, é conectivo. Exemplos: O cachorro que late não morde./O cachorro o qual late não morde. (aqui é pronome relativo); Gosto que me paguem o jantar./Gosto o qual me paguem o jantar. (Não dá, logo, é conectivo.).

- ☑ O menino/ o qual joga bola/ machuca o dedo.
- ☑ Os menin<u>os</u>/ os quais jog<u>am</u> bola/ machucam o dedo.

Outro exemplo, com "*cujo*" (com "*cujo*", "*cuja*", que indica posse, portanto, é um "pronome possessivo", a substituição de teste poderá ser feita por "*do qual*", "*da qual*" e seus plurais, que é uma expressão que exprime esse sentido de posse):

- ☑ O menino/ cuja bola furou/ está chorando.
- ☑ Os meninos/ cuja bola furou/ estão chorando.

Substituindo, para testar a posição concordante de "cujo", temos:

- ☑ O menino/ do qual a bola furou/ está chorando.
- ☑ Os meninos/ dos quais a bola furou/ estão chorando.

Como se pode ver, aqui também temos posições concordantes na oração subordinada, logo, temos orações adjuntivas.

Parece que a maioria das orações adjuntivas do português brasileiro são formadas com o uso de "*que*" e não com o uso de "qual", uso que, aliás, está ficando meio raro. Inclusive, em pesquisas recentes, encontramos orações adjuntivas formadas com o uso "*onde*" como pronome relativo, como a do exemplo a seguir:

☑ A loja/ *onde compramos a televisão*/ estava muito barata.

Veja que essa frase equivale a:

☑ A loja/ *em que compramos a televisão*/ estava muito barata.
☑ A loja/ *que compramos a televisão*/ estava muito barata.
☑ A loja/ *na qual compramos a televisão*/ estava muito barata.

Essa equivalência que vemos acima mostra como a palavra "*onde*" tem funcionado, na fala do dia a dia, até como pronome relativo, assim como demonstra diversas possibilidades de construção de orações adjuntivas. Mas podemos ver que, em todos esses casos, são as palavras "*onde*", "*em que*", "*que*" e "*na qual*" que criam posições concordantes nas orações subordinadas, definindo essas orações como adjuntivas.

Insistir no teste com o pronome "qual" (e suas construções *o qual/a qual*, *no qual/na qual*, *do qual/da qual*), portanto, é uma estratégia de evidenciamento da posição concordante. Com essa estratégia de análise os alunos têm mais facilidade de verificar se ocorre a posição concordante e de lembrar que, quando essa substituição é possível, é porque estamos diante de orações adjuntivas. Que fique claro, portanto, que usar essa estratégia não significa afirmar que as orações adjuntivas ocorrem só com o pronome "qual" e suas construções.

Orações completivas nominais

Como vimos, as **orações ligadas a um nome** devem repetir as características dos sintagmas ligados aos nomes. Então, o que devemos esperar de uma oração que funcione como um complemento nominal de um nome (lembre-se que há complementos nominais de palavras adjetivas)? Que ela não estabeleça qualquer tipo de relação de concordância e que seja ligada por um conectivo.

Assim como faz com as demais orações que equivalem a sintagmas nominais, a teoria tradicional insiste em chamar tais orações de "substantivas". Como vimos, essa terminologia é redundante. Afinal, só as orações "substantivas" (nominais) assumem tais funções. Logo, não há qualquer razão distintiva para obrigar os alunos a decorar mais esse termo.

Vale, aqui, lembrar que o complemento nominal (sintagma simples) tem como núcleo um nome. No caso da oração que funciona como complemento nominal, esse núcleo será convencionado como sendo o verbo, como fizemos com todas as demais orações.

150 Sintaxe para a educação básica

A oração que funciona como complemento nominal será chamada de *oração completiva nominal* (para diferenciar da *completiva verbal*).

Vamos, então, ver pares de exemplos de frases com *complemento nominal* e de períodos em que aparece a *oração completiva nominal* como equivalente:

- ☑ A *fé* <u>em Deus</u> pode promover a paz de espírito.
- ☑ A *fé* <u>de quem crê em Deus</u> pode promover a paz de espírito.

- ☑ O menino tinha *esperança* <u>em um presente de aniversário</u>.
- ☑ O menino tinha *esperança* <u>de ganhar um presente de aniversário</u>.

- ☑ João estava com muita *vontade* <u>de doce de leite</u>.
- ☑ João estava com muita *vontade* <u>de comer doce de leite</u>.

Observou como as orações completivas nominais repetem as características dos complementos nominais simples? Todas estão ligadas a um nome ("*fé*", "*esperança*", "*vontade*"), obrigatoriamente iniciam com conectivo e complementam o sentido desse nome.

Apositivas

Finalmente, em relação às orações que se ligam a nomes, temos aquela que funciona por coordenação, ou seja, a oração que funciona como aposto e que será chamada de "oração apositiva".

Lembra-se do aposto? Veja um exemplo:

- ☑ João, o dono da mercearia, está vendendo seu carro.

Como podemos ver aí no exemplo, o sintagma "*o dono da mercearia*" funciona em coordenação com a palavra "*João*". Como a palavra "*João*" é também o sintagma que funciona como *sujeito*, podemos ver que a equivalência sintática é perfeita:

- ☑ <u>João</u> está vendendo seu carro.
- ☑ <u>O dono da mercearia está vendendo</u> seu carro.

As orações que funcionam como apositivas, porém, pela estrutura própria de oração, embora também funcionem em coordenação com um nome, quase sempre vêm com uma construção um pouco diferenciada. Veja os exemplos a seguir:

- ☑ Não gostaria mais que fizesse isso: jogar lixo no chão!
- ☑ Só quero saber uma coisa: quem vai lavar o banheiro?
- ☑ Não me fale mais nesse negócio... comer peixe cru com molho de soja!

Veja como, nos períodos anteriores, existe uma equivalência entre:

- isso > jogar lixo no chão
- coisa > quem vai lavar o banheiro
- negócio > comer peixe cru com molho de soja

Às vezes, a equivalência até permite a substituição do nome pela oração apositiva. Veja:

- ☑ Não gostaria mais que jogasse lixo no chão! (caiu "fizesse isso")
- ☑ Só quero saber quem vai lavar o banheiro? (caiu "uma coisa")
- ☑ Não me fale mais em comer peixe cru com molho de soja! (caiu "esse negócio")

Observe como "caem" os nomes e os sintagmas que estão ligados a eles, quando os substituímos pela oração apositiva. No caso da primeira oração, para adequá-la ao falar mais difundido como "culto" no país, caiu também o verbo "fazer". Mas, em certos falares do Norte e do Nordeste do Brasil, não haveria problema algum em manter o verbo "fazer", e a frase ficaria assim, com o mesmo sentido da frase original:

- ☑ Não gostaria mais que fizesse jogar lixo no chão! (caiu apenas "isso")

Uma vez que já vimos os três tipos de orações que se ligam a nomes, que tal identificar essas orações em um exercício? As orações subordinadas a nomes virão sublinhadas e os núcleos geradores em itálico. Seu trabalho será de analisar as características de cada uma e apresentar a classificação conforme vimos nesses últimos subtítulos.

Exercício 24: As orações subordinadas ligadas a nomes estão sublinhadas nos períodos abaixo. Classifique cada oração, de acordo com suas propriedades sintáticas, em adjuntivas, completivas nominais ou apositivas:

152 Sintaxe para a educação básica

a. Aquele *sujeito* que comprou minha TV não me pagou ainda.
b. Eu queria mesmo saber um *negócio*: quem vai pagar essa comida toda no final.
c. Todo brasileiro tem a *esperança* de ter uma melhora na vida.
d. Eu não sei direito só uma *coisa*, ou seja, como se desliga uma bomba atômica.
e. A *mulher* cuja filha aprontou na escola, agora, quer processar a diretora.
f. Não me venha com essa sua mania de *nojo* de comer peixe cru com molho de soja...
g. Eu não tenho *medo* de comprar coisa estrangeira porque eu sou estrangeiro...
h. Nenhum dos *meninos* que fizeram bagunça na classe vai ser expulso da escola.
i. Você poderia me explicar *isso*: como se compra pela internet?

Orações ligadas a verbos

Visto que já conhecemos as orações ligadas a nomes, podemos avançar conhecendo as orações ligadas a verbos: você se lembra quais são os sintagmas ligados a verbos?

- sujeito
- complemento verbal (simples)
- complemento verbal predicativo
- complemento verbal agente
- complemento adverbial

De todos esses sintagmas, o único que a língua não consegue transformar em oração é o complemento verbal predicativo, pois a língua não tem meios para fazer com que a oração predicativa concorde com o sujeito através do verbo de ligação, embora ela consiga criar um índice de concordância com as adjuntivas, como vimos.

Orações como esta:

☑ Minha opinião era de que tudo acabasse naquele momento.

são tradicionalmente chamadas de "predicativas", mas podemos ver que não há qualquer resquício ou possibilidade de concordância entre ela e a palavra "opinião", sendo que, inclusive, ela inicia com um conectivo. A classificação tradicional se baseia exclusivamente no fato de que o verbo (*"ser"/"era"*), aí, foi pré-classificado como *verbo de ligação*, o que geraria um predicativo. O caso é verificar se o verbo é mesmo de ligação, ou seja, se está ligando duas partes e gerando uma posição concordante, o que parece não ser o caso. Isso vai exigir de nós uma escolha entre duas possibilidades:

a. afirmar que não há orações que funcionam como complemento verbal predicativo, e que orações como a do exemplo anterior são apenas um complemento verbal ou;
b. considerar que se trata de um complemento verbal predicativo, sim, mas que não concorda apenas por causa de restrições sintáticas circunstanciais.

Essa escolha tem caráter interpretativo e não posso afirmar que seja assim ou assado, pois não há elementos sintáticos para tanto. Caberá ao professor a escolha. Ou seja, em casos como esse, em que há duas boas explicações, cabe a cada estudioso, como vimos no começo do livro, verificar que explicação acha mais coerente e que nome dará a essas orações. Seguem mais alguns exemplos de orações do mesmo tipo, com ou e sem conectivos. Seriam exemplos de complementos verbais simples ou complementos verbais predicativos?

- ☑ Minha intenção foi apenas <u>que você conseguisse passar de ano</u>.
- ☑ Não sei se tua vontade era <u>que ele comprasse uma casa nova</u>.
- ☑ O teu desejo sempre é <u>estar de barriga cheia</u>!
- ☑ Esse caso era <u>para ele começar tudo de novo</u>.
- ☑ Não sei se essa mulher foi <u>quem fez a fofoca no bairro todo</u>.

Bem, se conheço um pouco os nossos professores e alunos, você, leitor, não gostaria que a conversa sobre as predicativas acabasse em uma interrogação... Aí, eu digo: se você perguntar minha opinião, eu vou dizer que acho que essas orações sublinhadas aí em cima não são predicativas, mas são apenas complementos verbais simples, especialmente porque aparecem com conectivos. Ou seja, de meu ponto de vista, **nem sempre um verbo que parece ser de ligação é mesmo um verbo**

Lembro que, na teoria tradicional, que trabalha com a ideia de paradigmas fixos, "uma vez verbo de ligação, sempre verbo de ligação". Daí a concepção de que os verbos dessas orações dos exemplos são sempre de ligação, o que obrigaria considerar as orações como predicativas. Como vimos neste livro, porém, o que define uma palavra em uma ou em outra classe é como ela está sendo efetivamente usada e não uma lista prévia de palavras pré-classificadas.

de ligação. Para que ele seja de ligação, é necessário que se forme uma posição concordante na estrutura, uma posição intermediada pelo verbo, o que não parece ser o caso das orações citadas. Mas essa é apenas minha opinião, sendo que há outros teóricos que discordam dela. Assim como eu, você também tem o direito de formar e defender sua própria opinião a respeito, afinal, estamos falando de análise sintática e não da Constituição do Brasil. E, se bem que, embora você seja obrigado a obedecê-la, você também pode ter suas próprias opiniões a respeito da Constituição. Ainda bem!

Passemos, então, às demais orações ligadas a verbos com estruturas bem menos problemáticas.

Orações subjetivas

Como o próprio nome diz, elas funcionarão como um *sujeito*, o que, obviamente, as coloca ligadas a um *verbo* (na típica relação *sujeito > verbo*). É justamente por isso que são chamadas de "orações subjetivas". Veja os exemplos a seguir:

- ☑ *É* preciso <u>acabar logo com essa conversa</u>.
- ☑ <u>Quem chegar primeiro na festa</u> *vai comer* todos os brigadeiros.
- ☑ *Parece* importante <u>discutir com mais calma essa questão</u>.

Como podemos ver, todas as orações sublinhadas funcionam como sujeito dos verbos da oração principal. E o que é mais interessante é que o verbo da principal sempre ficará na terceira pessoa quando o sujeito for uma oração, pois concordar um verbo com uma oração inteira é coisa que a língua não consegue fazer. E você lembra o que a língua faz toda vez que o verbo fica com algum problema em definir uma base para concordar? Isso mesmo! A língua coloca o verbo na terceira pessoa. Solução simples e eficiente!

Orações completivas verbais

Essas são as **orações completivas verbais**, que funcionam, como afirma o nome, como se fossem *complementos verbais* simples. Nelas, como sabemos, deve haver um sentido que tenha a ver

Assim como faz com os complementos verbais, a gramática tradicional chama essas orações de "objetiva direta" e "objetiva indireta". Já falei anteriormente por que esses termos são ruins e creio que não seja necessário repetir aqui os argumentos.

com a essência do sentido do verbo (completando o sentido do verbo mesmo) e elas podem aparecer com ou sem conectivos no início. Vamos ver alguns pares de exemplos com complementos verbais simples e com complementos verbais em forma de orações. Veja que, nem sempre, é possível fazer esses pares perfeitamente equivalentes. Eles aparecem aqui como forma de mostrar a *equivalência sintática* dessas orações com um complemento verbal:

- ☑ *Gosto* de doce de goiaba.
- ☑ *Gosto* de comer doce de goiaba.

- ☑ João *consegue* uma mulher nova todo mês.
- ☑ João *consegue* conquistar uma mulher nova todo mês.

- ☑ Meu amigo *permitiu* sua entrada na fábrica.
- ☑ Meu amigo *permitiu* que você entrasse na fábrica.

Orações agentivas

Agora, vamos falar da oração que funciona como se fosse um *complemento verbal agente*, aquele da estrutura fixa *x ser y por w*. Lembra-se? Se não lembra, volte no item que fala do complemento verbal agente e dê uma lida. Se você lembra, dê uma olhada nos exemplos que mostram como existem **orações** que repetem o mesmo padrão de estrutura:

Nem todos os livros de gramática tradicional apresentam esse tipo de oração. Alguns que a apresentam o fazem usando o nome de "oração agente da passiva".

- ☑ João *foi* agredido pelos moradores de rua.
- ☑ João *foi* agredido por quem morava na rua.

- ☑ O professor *foi* recompensado pelo governador do estado naquela época.
- ☑ O professor *foi* recompensado por quem governava o estado naquela época.

- ☑ O presidente *foi* vaiado por todos no comício.
- ☑ O presidente *foi* vaiado por quantos estavam no comício.

156 Sintaxe para a educação básica

Observe como, nos sintagmas que funcionam como complemento verbal agente, não há verbo e, nas orações agentivas, aparece o verbo (sublinhado aqui com linha dupla). É justamente esse verbo que faz a diferença entre o sintagma e a oração, mas a posição e as propriedades sintáticas em relação ao núcleo verbal gerador dessa posição de complemento agente são as mesmas.

Orações adverbiais

Terminando as orações ligadas a verbos, temos aquelas que funcionam como *complementos adverbiais*, as quais serão chamadas, aqui, apenas de *orações adverbiais*, uma vez que todas desse tipo funcionam igualmente como complementos, independentemente de estar ligadas a verbos, a palavras nominais adjetivas ou aos próprios advérbios.

Vamos nos lembrar das características dos complementos adverbiais:

- podem estar ligados a verbos, a palavras nominais adjetivas ou a advérbios;
- nunca estão em relação de concordância com o núcleo gerador;
- têm um sentido que representa circunstâncias, informações adicionais como tempo, modo, lugar, afirmação, negação, instrumento, gradação, entre muitos outros possíveis.

Essas características se repetem nas orações adverbiais. Aqui, apresento exemplos de orações adverbiais ligadas a verbos, os quais aparecem em itálico e as orações, sublinhadas. Apresento, também, ideias aproximadas que essas orações expressam:

- ☑ João *trabalha* onde ele ganha muito dinheiro. (ideia de lugar)
- ☑ A Maria *saiu* de casa assim que o sol nasceu. (ideia de tempo)
- ☑ O empregado *deixou* o trabalho porque era muito insalubre. (ideia de causa)
- ☑ O carro *fica* velho e aí dá muita despesa de manutenção. (ideia de consequência)
- ☑ Não *faço* isso nem que você me pague mil reais. (ideia de negação)
- ☑ Ele *fez* tudo como você ensinou. (ideia de modo e conformidade)
- ☑ Eles *iam vendendo* tanto quanto iam produzindo. (ideia de proporção)

Esses são apenas alguns exemplos de orações adverbiais ligadas a verbos. **Veja como a leitura dessas orações em conjunto com os verbos** demonstra sua relação direta de sentido:

> Atenção, professores: uma das maiores dificuldades dos alunos da educação básica, em relação à análise do período composto, é exatamente separar as orações e identificar seu vínculo com um núcleo gerador. Exercícios como este ajudam os alunos a enxergar a estrutura e as relações internas. E podem ser repetidos diversas vezes em relação a cada tipo de oração.

- ☑ *trabalha* onde ele ganha muito dinheiro
- ☑ *saiu* assim que o sol nasceu
- ☑ *deixou* porque era muito insalubre
- ☑ *fica* e aí dá muita despesa de manutenção
- ☑ (não) *faço* nem que você me pague mil reais
- ☑ *fez* como você ensinou
- ☑ *iam vendendo* tanto quanto iam produzindo

Exercício 25: Agora que você conheceu os tipos de orações ligadas a verbos, classifique as orações sublinhadas nos períodos que seguem, de acordo com suas propriedades sintáticas, em: subjetivas, completivas verbais, agentivas ou adverbiais:

a. *É* preciso <u>definir logo essa data do encontro</u>.
b. João já *sabe* <u>cozinhar peixe à moda baiana</u>.
c. Ninguém *compreendia* <u>por que ele falava tanto</u>.
d. Ele *foi* aplaudido <u>por quantos assistiram sua apresentação</u>.
e. Não *era* necessário <u>comprar tanto pano assim</u>.
f. Ele bem sabia que eu *pagaria* <u>quando chegasse a encomenda</u>.
g. Não *como* dobradinha <u>nem que chova canivete</u>.
h. As moças de biquíni *foram* admiradas <u>por quem estava na plateia</u>.
i. *Achamos* os livros <u>onde você nos falou</u>.
j. <u>Quando as coisas forem melhorando,</u> *podemos pensar* em comprar um carro novo.

ORAÇÕES LIGADAS A NOMINAIS ADJETIVOS

Como sabemos, as palavras nominais que funcionam como adjetivos (artigos, possessivos, palavras que quantificam, adjetivos propriamente ditos etc.)

funcionam apenas como núcleos geradores de complementos, pois não pedem concordância dos sintagmas que se encaixam em suas lacunas; logo, não podem ter adjuntos ligados a si. Seus complementos podem ser nominais (com sentido mais essencial e sempre ligados por conectivos) ou adverbiais (com sentido circunstancial, mais voltados para as ideias de quantificação e de intensidade das propriedades expressas pelas palavras adjetivas).

Com isso em mente, vamos ver como essas lacunas de complementos de palavras nominais adjetivas podem ser preenchidas por orações:

Orações completivas nominais ligadas a palavras adjetivas

Assim como ocorre com complementos nominais de palavras adjetivas, as orações "completivas nominais" dessas palavras serão sempre iniciadas com conectivos. Veja estes pares de exemplos:

☑ João está muito *cansado* <u>das broncas de seu patrão</u>.
☑ João está muito *cansado* <u>de levar broncas de seu patrão</u>.

☑ Já estou *esgotado* <u>por essa corrupção</u>.
☑ Já estou *esgotado* <u>por ver essa corrupção</u>.

☑ Maria se sente *apavorada* <u>com o futuro</u>.
☑ Maria se sente *apavorada* <u>em pensar no futuro</u>.

Como você pode ver em todos os exemplos, tanto os *complementos nominais* das palavras adjetivas quanto as *orações* que funcionam como *completivas nominais* sempre iniciam com conectivos, embora nem sempre seja possível manter um mesmo conectivo quando tentamos transformar um complemento nominal em uma oração. Isso acontece porque, na verdade, essas transformações só são feitas aqui para fins de demonstração didática do fato que estamos estudando.

No uso cotidiano de nossa língua, quando escolhemos um complemento nominal ou uma oração completiva nominal, isso não é indiferente: existe uma razão. Essas estruturas não são iguais, não dizem a mesma coisa, não podem ser trocadas como se fossem a mesma coisa. É ingenuidade pensar que podemos tirar uma palavra, um sintagma ou uma oração e trocar por outra coisa qualquer que vai dar no mesmo. Não é assim. Se a língua criou palavras, sintagmas e orações com propriedades sintáticas semelhantes, é porque se constatou que havia necessidade de estruturas mais complexas para expressar os pensamentos dos falantes com diferentes matizes para as diversas ocasiões de comunicação. Pensar que uma palavra substitui uma frase sem mudar nada do sentido é um equívoco enorme!

Orações adverbiais ligadas a palavras adjetivas

Vejamos, agora, orações adverbiais de palavras nominais adjetivas. Suas características sintáticas são as mesmas das adverbiais ligadas a verbos, apenas com a mudança de que, agora, estão ligadas a palavras nominais adjetivas. Observe os exemplos, apresentados aos pares com sintagmas adverbiais (na primeira frase) e orações adverbiais (na segunda frase):

☑ Maria está *linda* <u>demais</u>.
☑ Maria está *linda* <u>como ninguém viu antes</u>.

☑ Os meninos hoje estão <u>estranhamente</u> *quietos*.
☑ Os meninos hoje estão *quietos* <u>como não acontecia há tempos</u>.

☑ Esse sujeito é *tonto* <u>pra caramba</u>!
☑ Esse sujeito é *tonto* <u>que nem Freud explica</u>.

Veja que as orações adverbiais aqui expressam, de forma bem complexa, muitas vezes figurativa, uma ideia semelhante à ideia de intensidade, quantidade, modo etc., expressa pelo complemento adverbial simples. Como disse no início do estudo dessas orações, isso não é gratuito na língua: cada forma de expressão tem sua razão de ser e seu sentido bem específico, bem adequado para cada situação.

Exercício 26: Depois de conhecer os tipos de orações ligadas a nominais adjetivos, classifique as orações sublinhadas nos períodos a seguir – de acordo com suas propriedades sintáticas – em completivas nominais ou adverbiais:

a. Meu pai está esgotado <u>de tanto pagar contas</u>.
b. O cavalo do teu pai está velho <u>como se fosse da arca de Noé</u>.
c. A mãe estava desesperada <u>de ver o menino doente</u>.
d. O sujeito do táxi disse que estava zoado <u>de levar multa todo dia</u>.
e. Eu nem sabia que seu primo era entendido <u>em fazer conserto de computador</u>.
f. Aquela cidade é suja <u>que nem dá gosto</u>.

ORAÇÕES LIGADAS A ADVÉRBIOS

Concluindo os tipos de orações de nossa língua, temos aquelas que funcionam como complementos adverbiais de advérbios, uma vez que apenas estruturas adverbiais complementam núcleos que estejam funcionando como advérbios. Vejamos:

Orações adverbiais de advérbios

Já lembramos, logo atrás (na seção sobre orações adverbiais de verbos), as características sintáticas das orações adverbiais. Essas características se repetem aqui, apenas atentando para o fato de que, nesse caso, elas estarão ligadas a advérbios. Vamos retomar, portanto, alguns dos exemplos que demos de advérbios de advérbios, lá na parte dos sintagmas:

☑ João dirige <u>muito</u> *bem*!
☑ Você chegou <u>bem</u> *rapidamente* ao seu objetivo.
☑ Maria dormiu <u>nada</u> *confortavelmente* esta noite.
☑ Meu irmão vem <u>muito</u> *de vez em quando* aqui em casa.

Vamos tentar, aqui, criar orações que possam ser usadas no lugar desses complementos adverbiais simples:

☑ João dirige <u>muito</u> *bem*!
☑ João dirige *bem* <u>como se fosse um piloto profissional</u>.

☑ Você chegou <u>bem</u> *rapidamente* ao seu objetivo.
☑ Você chegou *rápido* <u>como nem pensava</u> ao seu objetivo.

☑ Maria dormiu <u>nada</u> *confortavelmente* esta noite.
☑ Maria dormiu *confortável* <u>como se estivesse na cama de pregos</u> esta noite.

Veja que interessante como "*rapidamente*" é mudado para "*rápido*" e "*confortavelmente*" é mudado para "*confortável*", mas como, ainda assim, funcionam como advérbios. A nova estrutura, agora com uma oração no lugar de um sintagma, exige mudanças na frase original. Isso é bem significativo! Devemos perguntar: como é que sabemos que uma forma fica melhor do que a outra? É a nossa maquininha de gramática internalizada (especialista em encontrar as formas mais adequadas de uso e que soam melhor aos nossos ouvidos) que nos aponta as formas ótimas, ou seja, aquelas que são mais bem aceitas pelas pessoas que falam essa língua.

Esse aprendizado das melhores formas de uso em cada comunidade de falantes é constante. Estamos o tempo todo aprendendo esses padrões e os modificando, na mesma medida em que a evolução da língua assim o exige. Que tal você fazer algumas construções desse tipo?

 Exercício 27: As frases abaixo trazem complementos adverbiais de advérbios devidamente sublinhados. Tente transformar esses complementos em orações adverbiais. Use sua criatividade!

a. João sabia muito *bem* que aquilo acabaria mal.

b. Todos queriam que a batalha acabasse logo *cedo*.

c. O vereador agiu nada *corretamente*.

* * *

Com esse tópico encerramos os diferentes tipos de frases que ocorrem em nossa língua, cada uma das quais ligada a um núcleo gerador (nome, verbo, palavras nominais adjetivas ou advérbios) por meio de diferentes formas de relação sintática.

Como disse anteriormente, a preocupação do professor da educação básica deve ser em apresentar aos alunos e trabalhar solidamente os tipos de relações sintáticas, usando boa parte do tempo para o período simples. Após isso, ele pode se dedicar, sem muito aprofundamento e exaustividade, ao período composto, afinal, o estudo minucioso da estrutura complexa da língua interessa apenas a uns poucos profissionais e pessoas que, por seu gosto pessoal, podem recorrer a livros complexos e especializados de Sintaxe, fazer um curso de Letras ou Linguística e, quem sabe, uma pós-graduação na área. Aos alunos do ensino médio, se saírem dominando as formas de estruturação básicas da língua, como disse anteriormente, já se haverá dado muito boa educação no que concerne aos conhecimentos sintáticos.

Uma conversa final

O estudo da sintaxe de uma língua – de qualquer língua – é sempre um desafio árduo e complexo e, por isso, muitas vezes desanimador. A coisa fica ainda mais complicada se a pessoa imaginar que vai dar conta de todas as estruturas de uma língua, de todas as variações, de todos os tipos de construção, de cada minúcia, de cada uso regional. Impossível!

Infelizmente, não é incomum que nossos alunos da educação básica sejam reprovados sucessivamente na disciplina de Português em função da Sintaxe. Também, não é incomum que os próprios professores de Português da educação básica não dominem ou pensem que não dominam a sintaxe da língua. Eu mesmo já ouvi isso reiteradas vezes de professores de carreira, em cursos de pós-graduação ou em conversas particulares. Mas, quero afirmar aqui que não há vergonha nisso. Vergonha há em não querer aprender.

Muitas vezes, o que tenho visto é que o professor imagina não dominar a sintaxe da sua língua porque fica perdido diante de dezenas de teorias divergentes que tentam explicar a mesma coisa como se fosse tudo diferente, ou porque fica focado nas inúmeras variações de estrutura, nas minúcias que aparecem nos livros avançados de Sintaxe e nas teses doutorais que, muitas vezes, estudam à exaustão um único tipo de construção, com milhares de exemplos divergentes... ou seja, o desânimo vem diante da imensidão do "oceano da Sintaxe", mesmo que seja "apenas" da sintaxe da nossa própria língua. Só que, aí, não tem pra ninguém. Se alguém quiser saber tudo de tudo de Sintaxe para pensar que domina a área, é desanimador mesmo!

Essas dificuldades inerentes do trabalho com a Sintaxe devem, como afirmei neste livro diversas vezes, servir como um "dosador" da boa hora em que devemos iniciar tais complicações e do tanto de tempo que a Sintaxe deve ocupar nos estudos básicos. Prestando atenção a isso, já daremos um enorme passo em direção a um ensino mais adequado de tal matéria.

164 Sintaxe para a educação básica

Além disso, cabe ressaltar que a Sintaxe não deve ser apresentada aos alunos como uma "moleza", como "coisa que qualquer um aprende de qualquer jeito". Devemos deixar claríssimo para eles que é um estudo que demanda paciência, atenção, concentração, dedicação, exercitação, enfim, disciplina pessoal e cuidado. Deixar isso claro não é uma forma de *desanimar* os alunos, é uma forma de *desafiar* os alunos e de "preparar os espíritos" para as dificuldades que virão pela frente. Depois, ao longo dos avanços cotidianos, um elogio, um "parabéns!" pelos progressos conseguidos reforçarão neles a convicção de sua capacidade de lidar com coisas complexas.

Finalmente, quero ressaltar que este livro foi pensado como um apoio para professores, mas também serve para autodidatas preocupados com a aprendizagem da Sintaxe básica. Mas da básica apenas. Ele não foi pensado para dar respostas complexas para toda a diversidade sintática do português, não tem essa pretensão e nem serve como guia de estudos avançados. Como disse, é *um livro para ser usado nos alicerces, não nos telhados.*

Por tudo isso, espero que tenha sido um livro acessível e esclarecedor para você. Se realmente foi, o objetivo de sua elaboração foi alcançado. Obrigado por ter chegado até aqui!

Respostas
dos exercícios propostos

Exercício 1: Neste exercício, vale observar que uma mesma palavra aparece diversas vezes no quadro e que, ainda, a mesma palavra pode aparecer em mais de uma parte do quadro. Isso se deve pelo fato de que as palavras são analisadas em cada uso, de acordo como são usadas a cada vez que ocorrem no texto. Como sabemos, uma mesma palavra pode exercer diferentes funções em diferentes estruturas sintáticas.

Classes das palavras	Palavras
Nominais que funcionam como base (nomes e pronomes)	Mãe, quem, casa, esse, ditado, que, ela, tempo, família, ela, filhos, pessoa, casa, ela, casa, ela, se, mãe, eu, filhos, se, maneira, verdade, coisa, casamento, moda, divórcio, estatísticas, governo, gente, se, gente, que, isso, mundo, casa
Nominais que estão ligados a um nome (adjetivos, artigos, numerais, pronomes demonstrativos e possessivos)	Minha, esse, um, velho, o, todo, os, a, uma, nenhuma, os, qualquer, a, a, fácil, o, a, o, as, o, mais, o, todo, sua
Verbos	Dizia, casa, quer, é, repetia, queria, casassem, dizer, quer, significa, tem, ter, tem, preparar, casar, acho, quer, casem, ajuntem, é, está, dizem, está, mostram, tem, separando, casa, queira
Advérbios	Sempre, direitinho, não, apenas, antes, hoje, tão, também
Conectivos (conjunções e preposições)	Que, para, pois, que, que, que, que, mas, que, que, de, que, ou, de, mas, que, não, que, em, mas, de, que, de, que, embora
Interjeições	Uau!, Afff!

Exercício 2:

a. Elas estão assim.
b. Ninguém vai falar isso lá.
c. Ele não cumpriu isso.
d. Eles são isso.
e. Hoje, todos têm isso.
f. Ele é disso.
g. Ele fez isso hoje lá.

Exercício 3:

a. A casa da minha mãe/ precisa/ de uma pintura.
A casa [da minha mãe].

b. Os livros da escola/ vão/ para a biblioteca do município.
Os livros [da escola], para a biblioteca [do município].

166 Sintaxe para a educação básica

c. Os alunos da 5ª série/ fizeram/ todas as tarefas do livro novo.
Os alunos [da 5ª série], todas as tarefas [do livro novo].

d. Os animais do Zoo/ estão sofrendo/ de doenças de poluição.
Os animais [do Zoo], de doenças [de poluição].

e . O celular de João/ é/ da marca dessa propaganda.
O celular [de João], da marca [dessa propaganda].

f . Acabamos/ hoje/ os doces da lata.
os doces [da lata].

Exercício 4:

a . Concordância de gênero e número nos dois casos.

b . Concordância de número e pessoa do verbo com o nome.

c . Regência/Regência.

d . Regência.

e . Concordância de gênero e número/ regência com conectivo.

f . Regência com conectivo/concordância de gênero e número/regência com conectivo.

g . Concordância de gênero e número em "todas" e "as"/regência com conectivo.

h . Concordância de gênero e número/ regência com conectivo.

i . Concordância de gênero e número nos dois casos.

j . Concordância de gênero e número.

Exercício 5: (Nesta resposta, apresentamos os núcleos que têm palavras relacionadas a si e as palavras que eles dominam. Você pode fazer as setas ligando os núcleos a essas palavras)

a . O menino espertalhão enganou o colega de jogo.

Menino > o/espertalhão
Enganou > o menino espertalhão/o colega no jogo
Colega > o/de jogo
Jogo > o

b . Nós não sabíamos disso.
Sabíamos> nós/não/disso

c . Ele é muito bonito, mas está mal alimentado.
É > ele/muito bonito/mas está mal alimentado
Bonito > muito
Está > mal alimentado
Alimentado > mal

d . Tudo aquilo é bem interessante.
Aquilo > tudo
É > tudo aquilo/bem interessante
Interessante > bem

e . A menina da mamãe caiu e machucou o joelhinho.
Menina > a/da mamãe
Caiu > a menina da mamãe
Machucou > a menina da mamãe/o joelhinho
Joelhinho > o

f . Precisamos de um balde de água.
Precisamos> de um balde de água
Balde > um/de água

g . Todas as moças do internato estão assustadas.
Moças > todas/as/do internato
Estão > todas as moças do internato/ assustadas

h . O Governo anunciou aumento para os servidores do Executivo.
Governo > o
Anunciou > o governo, aumento para os servidores do Executivo

Aumento > para os servidores do Executivo
Servidores > os/do Executivo
Executivo > o

i . Os <u>gatos</u> pretos <u>são</u> temidos.
Gatos > os/pretos
São > os gatos pretos/temidos

j . Muitos <u>meninos</u> <u>vão reprovar</u> este <u>ano</u>.
Meninos > muitos
Vão reprovar > muitos meninos/este ano
Ano > este

Exercício 6:

a. a, menina, vaidosa/menina, comprou/ um, batom, novo
b. aqueles, trabalhadores, cansados/trabalhadores, estão
c. ninguém, sabia/a, lição
d. o, professor/professor, ditou/as, palavras
e. nós, queremos
f. os, óculos/óculos, quebraram/a, minha, mãe
g. meu, computador/computador, está funcionando
h. João, quer/um, aparelho, novinho.
i. A, máquina, fotográfica/máquina, caiu, quebrou/o, chão
j. todos, os, carros, estacionados, danificados/carros, foram/a, enchente.

Exercício 7:

a. 1
b. 2
c. 2
d. 2
e. 1
f. 2
g. 1

Exercício 8:

a. dupla/simples/dupla
b. simples
c. simples/simples/simples/dupla
d. dupla
e. dupla/dupla
f. dupla/dupla
g. dupla
h. simples

Exercício 9:

a. 1ª - pause depois de *casou*/2ª - pause depois de *filha*
b. 1ª - pause depois de *bebeu*/2ª - pause depois de *leite*
c. 1ª - pause depois de *viu*/2ª - pause depois de *Joana*
d. 1ª - pause depois de *encontrou*/2ª - pause depois de *amigo*
e. 1ª - pause depois de *atacou*/2ª - pause depois de *treinador*

Exercício 10: (Apresentamos nesta resposta os núcleos geradores e as palavras que a eles se relacionem para que você possa montar um esquema como considerar melhor)

a. O elefante do circo pisou na barriga do palhaço.
núcleo: elefante > o, do circo
núcleo: circo > o
núcleo: pisou > o elefante do circo, na barriga do palhaço
núcleo: barriga > a, do palhaço
núcleo: palhaço > o

b. A laranja passada amargou a salada de frutas.
núcleo: laranja > a, passada

168 Sintaxe para a educação básica

núcleo: amargou > a laranja passada, a salada de frutas
núcleo salada > a, de frutas

c. O homem bondoso cuida de seus amigos chegados.
núcleo: homem > o, bondoso
núcleo: cuida > o homem bondoso, de seus amigos chegados
núcleo: amigos > seus chegados

Exercício 11:

a. Os casos graves de dengue mereceram registro na mídia televisiva.

b. Os estudantes que foram para a Bahia conheceram a bela Rainha do Axé.

c. Todos os seus sapatos precisam de uma desinfecção urgente!

d. Os norte-americanos mais assustados com os terroristas estão pedindo providências de segurança para o governo.

e. Ninguém sabia ao certo quando o intenso frio do inverno gaúcho iria terminar.

Exercício 12:

a. O livro de Matemática custou mais caro que o fascículo de Português.

b. Minha esperança de melhoras foi por água abaixo...

c. João ganhou na loteria um prêmio em dinheiro.

d. As coisas antigas da minha mãe ficarão todas no museu da cidade.

e. A ânsia de vitória acabou levando o apostador ao terreiro de macumba.

Exercício 13:

a. Minha irmã, a caçula, está muito desobediente.

b. O sujeito que fez a promessa, aquela da compra da casa, não apareceu mais.

c. Os elefantes, os maiores animais terrestres, estão correndo risco de extinção.

d. A polícia prendeu o fugitivo, o traficante de drogas.

e. Ela não comprou a bolsa, a da marca chique, mas comprou o tênis.

Exercício 14:

a. [P]
b. [D]
c. [P]
d. [SS]
e. [SS]
f. [P]
g. [D]
h. [SS]

Exercício 15:

a. João quebrou sua perna direita.

b. Os cavalheiros sabem do que as damas gostam.

c. As lavadeiras trouxeram muita roupa suja.

d. Quem conhece o amigo do Pedro Paulo?

e. O trator vai derrubar os barracos.

f. O trator vai derrubar as esperanças dos posseiros.

g. Ninguém falou a verdade no tribunal.

Respostas dos exercícios propostos 169

Exercício 16:

a. Maria parece <u>bem doente</u> hoje.
b. Esta é <u>uma questão de suma importância</u>.
c. Todos devemos ser <u>bons cidadãos</u>.
d. Nem todos estavam <u>felizes</u> no passeio.
e. Os homens são <u>os mais teimosos dos seres</u>.
f. Aquele óculos de sol é <u>muito caro</u>.
g. João permanece <u>suspenso das aulas</u>.
h. Esse João é <u>uma mala sem alça</u>!

Exercício 17:

P
a. A bela donzela foi <u>estrangulada</u> <u>pelo assassino da lanterna verde</u>.
A
b. A lição não foi <u>acabada</u> <u>pelos alunos</u>.
       P   A
c. O homem apanhou do seu rival.

d. A doença maltratou muito meu tio.

P
e. As coisas foram <u>bem explicadas</u> <u>pelo advogado</u>.
A
f. Ninguém foi <u>punido pela destruição no estádio de futebol</u>.
P

Exercício 18:

a. Meu avô <u>só</u> sabia comer macarrão <u>com dois garfos</u>.
b. Gosto <u>muito</u> de fazer minha caminhada <u>de manhã bem cedo</u>.
c. João <u>não</u> se acostuma com o frio do Paraná.
d. João acha que seu primo joga bola <u>muito bem</u>.

e. <u>Em São Paulo</u> as pessoas estão muito estressadas.
f. O marido disse "não" à esposa <u>com muito jeitinho</u>.
g. Ele <u>jamais</u> dirá o segredo ao agente policial.
h. Vamos acabar essa tarefa <u>amanhã</u>.

Exercício 19:

a. O soldado obediente <u>a sua pátria</u> foi condecorado na solenidade de formatura.
b. O atleta desacreditado <u>pelo treinador</u> mostrou ser o melhor do time.
c. A comida apreciada <u>por todos</u> acabou sobrando na panela.
d. A parede concluída <u>pelo pedreiro</u> estava muito malfeita.
e. Os botões feitos <u>pela costureira</u> combinaram mais com a roupa.

Exercício 20:

a. Essa capa de couro é <u>muito</u> bonita, mas cara <u>de doer</u>.
b. O homem <u>muito</u> sábio pensa antes de falar.
c. Qual menino fez essa arte <u>tão</u> perigosa?
d. Não sei qual o <u>mais</u> feio...
e. <u>Verdadeiramente</u> boa essa sugestão e <u>bem</u> oportuna!

Exercício 21:

a. João está <u>muitíssimo</u> mal na UTI.
b. Aquele sujeito faz isso <u>bem</u> raramente.
c. É <u>muito</u> cedo pra cachaça...
d. Nunca diga que ele não sabe fazer isso <u>muito</u> bem feito!
e. Eles <u>quase</u> não têm condição de comer todo dia...

170 Sintaxe para a educação básica

Exercício 22:

a. [As coisas [mais] importantes [da vida]]
   [só][são][reconhecidas][bem depois].
As – adjunto de "coisas"
Coisas – núcleo do sujeito
Mais – complemento adverbial de "im-
portantes"
Importantes – adjunto de "coisas"
De – conectivo
A – adjunto de "vida"
Vida – núcleo do complemento nominal
de "importantes"
Só – complemento adverbial de "são"
São – núcleo verbal
Reconhecidas – núcleo do complemento
verbal predicativo
Bem – complemento adverbial de "depois"
Depois – núcleo do complemento adver-
bial de "são"

b. [Todos os homens [da construção]]
   [foram][treinados][pela construtora
   contratada].
Todos – adjunto de "homens"
Os – adjunto de "homens"
Homens – núcleo do sujeito
De – conectivo
A – adjunto de "construção"
Construção – núcleo do complemento
nominal de "homens"
Foram – núcleo verbal
Treinados – complemento verbal predi-
cativo
Por – conectivo
A – adjunto de "construtora"
Construtora – núcleo do complemento
verbal agente
Contratada – adjunto de "construtora"

c. [As obras [das novas usinas]][amea-
   çam][o meio ambiente][de forma
   incalculável].
As – adjunto de "obras"
Obras – núcleo do sujeito
De – conectivo
As – adjunto de "usinas"
Novas – adjunto de "usinas"

Usinas – núcleo do complemento nominal
de "obras"
Ameaçam – núcleo verbal
O – adjunto de "meio ambiente"
Meio ambiente – núcleo do complemento
verbal
De – conectivo
Forma – núcleo do complemento adverbial
de "ameaçam"
Incalculável – adjunto de "forma"

d. [O dinheiro][quase][sempre][pesa]
   [mais][na balança].
O – adjunto de "dinheiro"
Dinheiro – núcleo do sujeito
Quase – complemento adverbial de sempre
Sempre – núcleo do complemento adver-
bial de "pesa"
Pesa – núcleo verbal
Mais – complemento adverbial de "pesa"
Em – conectivo
A – adjunto de "balança"
Balança – núcleo do complemento adver-
bial de "pesa"

e. [O povo brasileiro][ainda][mantém]
   [uma postura [de grande passividade]].
O – adjunto de "povo"
Povo – núcleo do sujeito
Brasileiro – adjunto de "povo"
Ainda – complemento adverbial de "man-
tém"
Mantém – núcleo verbal
Uma – adjunto de postura
Postura – núcleo do complemento verbal
De – conectivo
Grande – adjunto de "passividade"
Passividade – núcleo do complemento
nominal de "postura"

f. [Meu primo], [o João], [deu][um belo
   presente][ao seu pai][no dia [do seu
   aniversário]].
Meu – adjunto de "João"
Primo – núcleo do sujeito
O – adjunto de "João"
João – núcleo do aposto a "primo"

Deu – núcleo verbal
Um – adjunto de "presente"
Belo – adjunto de "presente"
Presente – núcleo do complemento verbal 1
A – conectivo
O – adjunto de "pai"
Seu – adjunto de "pai"
Pai – núcleo do complemento verbal 2
Em – conectivo
O – adjunto de "dia"
Dia – núcleo do complemento adverbial de "deu"
De – conectivo
O – adjunto de "aniversário"
Seu – adjunto de "aniversário"
Aniversário – núcleo do complemento nominal de "dia"

Exercício 23:

a. Meu time treinou muito. (Meu time) ganhou o campeonato brasileiro.
b. Maria deu um fogão para sua mãe. A tal senhora não gostou da cor.
c. Os homens abusaram da natureza. (Os homens) colhem os tristes frutos agora.
d. Eu não sei. (Eu) não vi. (Eu) nem senti o cheiro!
e. (Ele/ela/você) come demais. (Ele/ela/você) fala demais. (Ele/ela/você) dorme demais. (Ele/ela/você) quer respeito...

Exercício 24:

a. adjuntiva
b. apositiva
c. completiva nominal
d. apositiva
e. adjuntiva
f. completiva nominal
g. completiva nominal
h. adjuntiva
i. apositiva

Exercício 25:

a. subjetiva
b. completiva verbal
c. completiva verbal
d. agentiva
e. subjetiva
f. adverbial
g. adverbial
h. agentiva
i. adverbial
j. adverbial

Exercício 26:

a. completiva nominal
b. adverbial
c. completiva nominal
d. completiva nominal
e. completiva nominal
f. adverbial

Exercício 27: Exercício de criatividade. Apresentamos sugestões de respostas apenas.

a. João sabia muito bem que aquilo acabaria mal.

João sabia bem [tanto quanto dava] que aquilo acabaria mal.

b. Todos queriam que a batalha acabasse logo cedo.

Todos queriam que a batalha acabasse cedo [quanto fosse possível].

c. O vereador agiu nada corretamente.

O vereador agiu corretamente [para não dizer o contrário].

Bibliografia

ADOLFO, G. P. da S. *Estruturas sintáticas do português*: uma abordagem gerativa. Petrópolis: Vozes, 1983.

ALMEIDA, Napoleão M. de. *Gramática metódica da língua portuguesa*. 33. ed. São Paulo: Saraiva, 1985.

BORBA, F. S. *Introdução aos estudos linguísticos*. Campinas: Pontes, 1991.

BOURDIEU, Pierre. *A economia das trocas linguísticas*. São Paulo: Edusp, 1998.

CÂMARA Jr., J. M. *Problemas de linguística descritiva*. Rio de Janeiro: Vozes, 1970.

_____. *Estrutura da língua portuguesa*. Petrópolis: Vozes, 1991.

_____. *Princípios de linguística geral*. Rio de Janeiro: Padrão, 1989.

CARONE, F. B. *Morfossintaxe*. São Paulo: Ática, 1988.

CASTILHO, A. *Nova gramática do português brasileiro*. São Paulo: Contexto, 2010.

_____. *Gramática do português falado*. Campinas: Editora da Unicamp/Fapesp, 1990, v. I.

CEGALLA, D. P. *Novíssima gramática da língua portuguesa*. São Paulo: Cia. Editora Nacional, 1985.

CHOMSKY, N. *A Minimalism Program for Linguistics Theory*. Mass.: MIT Press, 1992.

CUNHA, C. *Gramática do português contemporâneo*. Belo Horizonte: Bernardo Alves, 1970.

_____; CINTRA, L. *Nova gramática do português contemporâneo*. Rio de Janeiro: Nova Fronteira, 1985.

FERRAREZI JR., C. *Ensinar o brasileiro*: respostas a 50 perguntas de professores de língua materna. São Paulo: Parábola, 2007.

_____; TELES, I. M. *Gramática do brasileiro*. São Paulo: Globo, 2008.

ILARI, R. *Perspectiva funcional da frase portuguesa*. Campinas: Ed. da Unicamp, 1987.

MACAMBIRA, J. R. *Estrutura morfossintática do português*. São Paulo: Vozes, 1982.

MAIA, J. D. *Gramática*: teoria e exercícios. São Paulo: Ática, 1994.

MARTINET, A. *Eléments de Linguistique Générale*. Paris: Armand Colin, 1967.

_____. *Syntaxe Générale*. Paris: Armand Colin, 1985. (Col. "U").

NICOLA, J.; INFANTE, U. *Gramática contemporânea da língua portuguesa*. São Paulo: Scipione, 1990.

PERINI, M. *Sintaxe portuguesa*: metodologia e funções. São Paulo: Ática, 1989.

_____. *Gramática descritiva do português*. São Paulo: Ática, 1998.

_____. *Gramática do português brasileiro*. São Paulo: Parábola, 2010.

RAPOSO, E. *Teoria da gramática*: a faculdade da linguagem. Lisboa: Caminho, 1992.

ROSSIGNOLI, W. *Português*: teoria e prática. São Paulo: Ática, 1992.

SACCONI, L. A. *Nossa gramática*: teoria e prática. São Paulo: Atual, 1985.

SEUREN, P. A. M. *Semantic Syntax*. Oxford: Blackwell Publishers, 1996.

O autor

Celso Ferrarezi Junior possui licenciatura plena em Letras, mestrado e doutorado em Linguística com enfoque em Semântica, atuando principalmente com os seguintes temas: semântica, morfossintaxe, educação e alfabetização. Tem pós-doutorado em Semântica pela Universidade Estadual de Campinas. É membro de diversos conselhos editoriais e consultor de instituições educacionais e científicas privadas e governamentais. Atualmente, é professor associado da Universidade Federal de Alfenas (MG), cargo que também ocupou na Universidade Federal de Rondônia. Escreveu mais de vinte livros científicos e literários, além de mais de duzentos artigos científicos e de opinião publicados no Brasil e no exterior. Pela Editora Contexto publicou o *Guia do trabalho científico: do projeto à redação final*.

GRÁFICA PAYM
Tel. [11] 4392-3344
paym@graficapaym.com.br